西郷文芸学
一読総合法による

物語の指導法

物語のあり方
児童の読みの心理にそった読み方を

山口 憲明

目次

◇はじめに

まず、五年生の物語「大造じいさんとガン」を読んでの子どもの感想を私の実践から紹介します。

「大造じいさんとガンを読んで」　Kくん

ぼくは、この物語を読んで、仲間の大切さを教えられました。マザー・テレサの伝記を読んだ時は、貧しい人を差別せずに平等な世界を広げようと教えられました。そして、この大造じいさんとガンでは、仲間を大切にするということを感じました。いくら自分が、厳しい状況でも仲間を優先にし、ぜったい守りきる。それが、リーダー・頭領の役目だなあとあらためて感じました。

ぼくは、これまで仲間や友だちよりも自分中心で、自分がよければいいと思っていましたが、それは違いました。自分のことも考えておきながら、仲間を助けるということが大切だと思います。ぼくも、このような本をきっかけに自分中心がなくなるといいと思います。

今、物語・文学が、朗読のため、紙芝居作りや発表のための教材になっています。そのため感想文を書くなどということは、あまり行われなくなってしまいました。しかし、本来、文学・物語を読むことは、そのこと自体に価値があるはずです。物語は、何かのための材料ではないと考えます。

◇国語科の目的・物語を読む目的

私は、基本的に児言研（児童言語研究会）と文芸研（文芸教育研究協議会）の研究から学び実践してきました。児言研からは、児童の読みの心理にそった読みの方法を学びました。西郷文芸学・文芸研からは、物語そのもの、文芸についての分析方法とその内容について、深く豊かに学ばせてもらいました。もちろん教科書の指導書は、単元に入る前にしっかりと読みました。多くの研究発表会や教研にも何度も参加しました。しかし、この二つの教育研究団体の持つ理論と実践から学ぶものが、やはり多かったです。ここでは、この二つの教育研究団体の考え方などを紹介しながら、私の「物語の指導法」について述べていきたいと思います。

まずはじめに国語科の目的、文芸（物語、詩など）を読む目的について、西郷文芸学・文芸研の考えを紹介します。

＊文芸研からの引用の場合は、文末に（文）、児言研からの引用の場合は、（児）と表記します。

＊児言研からの引用は、「新一読総合法入門」（一光社）からです。西郷文芸学からの引用は、「西郷竹彦文芸教育著作集」（明治図書）や全国大会要項などからです。

＊尚、本書は文学の授業シリーズ（1スーホの白い馬　2一つの花　3ごんぎつね　4大造じいさんとガン　5やまなし　6かさこじぞう　本の泉社）の拠り所とす

る考えを述べたものでもあります。

○国語科の目的は、ことばでもって、ものごとの本質を認識し、表現する力を育てるということです。(文)

○国語科の目的は、ことばとか人間―ことば、表現、人間、人間を取りまくものごと、そういう森羅万象―そういうものの本質とか法則、あるいは真理、真実、価値、意味等をわかる力、認識する力を育てる。これが、基本的な目的です。それを裏返して言えば、そういうものごとの本質や法則や真理、価値、意味をちゃんと表現できる力を育てるということにもなる。これが、国語科教育の基本的な目的であるということです。(文)

○文芸は、人間の真実を語るものです。したがって、文芸教育の場は、人間理解・認識のもっとも具体的におこなわれる場であるということが言えましょう。(文)

○文芸作品を読むということは、作品世界そのもののきめこまかい読みとりを土台として、切実な体験をさせ、その上で文芸世界の深い意味、そこにくりひろげられる人間生活の本質を的確に理解させるということでなければなりません。(文)

現在の学習指導要領では、国語科の領域は、「話す・聞く」「読む」「書く」の三領域になっています。しかし、以前は、「理解」と「表現」の二領域でした。その結果、教師たちの中に子どもたちの理解力・表現力を育てるという意識が、希薄になったように思います。

例えば、詩や物語の音読は、さかんに行わせるが、その内容を理解させる取り組みは、非常に弱くなっています。例えば、冒頭で紹介した五年生の物語「大造じいさんとガン」(23年度版)でも、光村の指導書では、単元目標「作品を自分なりにとらえ、朗読しよう」ということで、この作品の内容理解に充てる時間数は、わずか四時間です。五年生の代表的な物語作品である「大造じいさんとガン」をたった四時間で理解し、読み深めることなど、とてもできません。そんなに浅く貧しい作品ではないのです。子どもたちの読解力の低下、情感の貧しさ。その原因が、ここにあるのです。

やはり、五年生の物語「わらぐつの中の神様」を読んでの子どもの感想文を私の実践から紹介します。

「わらぐつの中の神様」を学習して　Aさん

私は、いままで神様を信じていませんでした。でも、この学習をして、少しだけ神様を信じられるようになりました。

神様を作り出すのは、きっと人だと思います。人を思う心、そのための努力、それこそ人を守り、幸せにしてくれる神様だと　私は、この物語から学びました。

おみつさんは、自分の幸せだけではなく、人の幸せを願ったから、その願った「思い」の分だけ幸せになれたと思います。大工さんやおみつさんは、そんな大切なことを見ぬける

人間とそれをとりまく物事、森羅万象、それらの現象に深く流れる人間、自然、社会の価値、本質を認識する力を育てる。さらにその中で自己を見つめ、その生き方を探る。そして、その過程で獲得した認識力を表現力に転化する。ことば・表現の学習、文学体験、人間や世界に対する認識。それが、国語科・文芸教育の目的なのだと考えます。

だけの、心のもち主です。

私は、「幸せになる」ということは、「幸せを感じる」ことだと思っています。だから、その幸せをかんじることができた、二人を、私は、そんけいします。

きれいな心の目で、見ながら仕事をしたおみつさんは、神様を作り出し、幸せを手に入れました。だから、きっと大工さんも、いい仕事のできる大工さんになり、ずっと幸せでいられると思います。おじいちゃん、おばあちゃんのすてきな話を聞いたマサエも、本当の仕事、幸せになるための努力をよみとり、おじいちゃん、おばあちゃんをずっとそんけいすると思います。

おみつさんや大工さんのような、きれいな心をもった人どうしが結婚するのは、人のりそうの結婚だと私は考えます。

わかりあうことができる二人が結ばれることができたのは、二人の心の中にいる神様がしてくれたことだと思います。人のことを思う心が、その人にとって、一番わかりあえる人と引きあわせてくれると私は、信じてゆきたいです。

わらぐつを作るときに考えた、はく人がはきやすいようにという思いが、おみつさんの人生をすてきなものにかえたのなら、私も、おみつさんのような人になりたいです。

文字・ことば・文・文章を表現に即して、ていねいに読み、その内容を理解する。ワクワク、ドキドキ、豊かに文学体験をくり返す。さらに詩、物語、説明文などの学習を通して、

◇物語単元の指導過程について
～第一次全文通読は、しない～

では、さっそく具体的に「物語の指導法」について、述べていきたいと思います。次に掲げるのは、五年生の物語「大造じいさんとガン」の指導計画です。

＊この論考では、この物語を基本線にして、話を進めていきます。巻末に全文を載せますので参考にしてください。

> 物語「大造じいさんとガン」の指導計画（十九時間）
>
> ○前文　物語の舞台設定　大造じいさんの紹介（一時間）
>
> ○一章　ウナギつりばり作戦　しかけを見抜き、仲間を指導する残雪（四時間）
>
> ○二章　タニシ作戦　小屋をみとめ、沼地のはしに着陸する残雪（四時間）
>
> ○三章　おとり作戦　ハヤブサからおとりのガンを救う残雪（七時間）
>
> ○四章　残雪に「英雄よ」と呼びかける大造じいさん（二時間）
>
> ○全文通読・感想を書く（一時間）

まず単元全体の指導過程では、「第一次全文通読は、しない」ということです。はじめから一時間毎、場面分けをし、設定し、くわしく読んでいくということです。この問題は、以前は一つの大きな論点でした。しかし、今はほとんど話題にものぼりません。逆に言うと、ほとんどの教師は、指導書に沿って三読法（通読・精読・味読）によって、物語単元のはじめに子どもたちに全文通読をさせているのです。しかし、第一次全文通読は、子どもたちが物語を読み進めていく上で、大きな弊害があると考えます。その論拠を紹介していきます。

○読みをつまらなくさせ、物語等の結末をはじめに知らせてしまって、読む意欲をそぐにいたる「通読」（第一次読み）の廃止、それに代わって、第一読から「精読」に入るという方法の採用。（児）

○結末を知っては、読みの関心が第一読の持つ緊張感を失わせるという言語心理の当然のつまずき。第一読こそは、文字表現を見る↓↑内容喚起という最も反応の生動する唯一の機会なのです。（児）

○「読み」という作業は、その作品の全貌が未知のまま出発して、しだいに言語の線条的（部分的）展開が総合されて、全作品が露呈するのです。（児）

○三読主義は、～～、ある物語を読むという過程は、次の一文一文が未知のままで新しい展開を示すのを文字↓↑概念↓↑文↓↑段落と味読しつつ、意識に受け止めつつ、読み進むという文学の読みの本道とその楽しさを必ずこわして

教材に触れさせようとする驚くべき非人間的な指導法なのです。結果を知ってしまい、第一次読みによって、もはや未知を読み進む楽しみを圧殺することから常に始めようとするのが、三読主義なのです。(児)

物語の結末を始めに知らせてしまっては、子どもたちの読みの意欲は、そがれてしまうということです。第一読(初めての読み)こそが、児童が緊張感を持って作品にあたり、文字表現、作品の内容に最も鋭く反応する唯一の機会だということです。物語を「読む」ということは、未知から出発して、「はじめ」「つづき」「おわり」としだいにイメージをふくらませていき、その過程でその作品に内在する価値・意味を追求していく作業であるのです。物語の展開を予想しながら読んでいく。第一読の緊張感を大切にしながら読んでいく。「はじめ」「つづき」「おわり」としだいにイメージをふくらませながら、その作品の本質、テーマに迫っていく。それが、児童の心理にそった自然な読み方だと考えます。

第一次全文通読は、しない。これは、児童言語研究会の先生方が、パブロフの「第二信号系理論」などの意識研究から学び、そこから導き出した結論でした。しかし、私は、物語を分析し研究する文芸学、西郷文芸学の研究内容にも、その根拠を見出すのです。

○文章表現は、だれ(作者)が、だれ(読者)に何のために(目的)という関係において成り立っているものです。とすれば、作家といわれるほどの人が、読者ぬきで、ただ自分の伝達したいことを一方的に表現するはずはありません。かならずやそこに読者を相手どっての工夫が、こらされているにちがいないのです。

自分の書きたいことを書きながら、同時に読者の興味・関心に応えていく。裏返して言えば、読者の興味・関心をひきつつ、自分の伝達したいものを読者に読みとらせていくということになります。作者は、読者の方から身をのり出してくるように仕向けているのです。このような作者の読者への働きかけを「仕掛」と呼んでおきましょう。(文)

○読者は、そこで、ああ、そうかとわかるというわけですが、ここには、作者の話の運び方の工夫があります。次から次へと事件を語っていくだけでなくて、どのように語れば、読者は興味をそそられ関心を持って、先を読むかという工夫です。このような仕組・仕掛を「作者の構想」と呼んでいます。(文)

「作者の話の運び方の工夫」、読者に働きかけ、興味・関心・疑問を引き起こし、読者を作品世界に引きこむ工夫、これを仕掛といいます。

例えば、四年生の物語教材「一つの花」(今西佑行作)の書き出しです。

「一つだけちょうだい。」
これが、ゆみ子のはっきり覚えた最初のことばでした。

〝「一つだけちょうだい。」とは、何を「一つだけちょうだい。」なのか。〟〝ゆみ子とは、いったいだれなのか。〟〝どうしてゆみ子は、「一つだけちょうだい。」などという言葉を最初に覚えたのだろうか。〟

これが、読者を「一つの花」という作品世界に引きこむ冒頭の工夫、仕掛です。まずはじめにこの冒頭の二行を扱います。そして、作者の仕掛けるこの仕掛にのって、それを児童の疑問とし、次の戦争中の食糧事情や空襲の様子を紹介した場面を読んでいけばよいのです。この仕掛から生まれる問いをもとに文章を追求することによって、幼いゆみ子のことばの有り様（ありよう）にまでも影響を与えたこの戦争の厳しさを子どもたちは追体験し、理解していくのです。

この仕掛を生かすことによって、児童の自主的な読みが可能になると考えます。物語の読みでも、問題（疑問）→予想→調べる（読解）→発表・話し合い→まとめ、という学習過程は成立するのです。

さらに物語「一つの花」での仕掛です。

するとお父さんが、深いため息をついて言いました。
「この子は、一生、みんなちょうだい、山ほどちょうだいと言って、両手を出すことを知らずにすごすかもしれないね。～～。みんな一つだけ。一つだけの喜びさ。いや、喜びなんて、一つだってもらえないかもしれないんだね。いったい、大きくなって、どんな子に育つだろう。」

ゆみ子が、どうして最初に「一つだけちょうだい。」という言葉を覚えてしまったのか。それが、明らかにされた後、物語「一つの花」では、さらに次の仕掛が配されます。ご飯のときでも、おやつのときでも、もっともっと言って、いくらでもほしがるゆみ子。「いったい、大きくなって、どんな子に育つだろう。」

これが、お父さんの心配です。これが、さらなる作者から読者への仕掛です。ガツガツと食べ物を欲しがるゆみ子、ゆみ子は、そんな大人に、人間になってしまうのだろうか。

〝君たち（児童）は、どう思いますか。ゆみ子は、どんな子に育つと思いますか。〟しかし、この後もゆみ子は、お父さんの出征のためにお母さんが作ったおにぎりもみんな食べてしまうのです。

そこでお父さんは、最後に、出征の別れで、願いをこめて、そんなゆみ子に一輪のコスモスの花を手渡したのです。

この別れの場面での子どもの感想です。

☆このお話の題名『一つの花』とは、一輪のコスモスのこと

だったことが、わかりました。一輪のコスモスは、ゆみ子がお父さんと会った最後の思い出の花だと思います。お父さんは、ゆみ子に一輪のコスモスのように一人でも、のびのびと育ってほしいという願いをもっていたんじゃないかと思いました。わたしは、ゆみ子がどんな子に育つのか心配です。お父さんも戦争に行き、無事に帰ってこられて、幸せにくらせるといいと思いました。

そして、この仕掛の答えが明らかにされるのが、最後の場面です。

> それから、十年の年月がすぎました。
> ゆみ子は、お父さんの顔を覚えていません。〜〜〜。
> でも、今、ゆみ子のとんとんぶきの小さな家は、コスモスの花でいっぱいに包まれています。
> 〜〜〜〜〜〜〜〜。
> やがて、ミシンの音がまたいそがしく始まったとき、買い物かごを下げたゆみ子が、スキップをしながら、コスモスのトンネルをくぐって出てきました。

くり返し、これが、この仕掛の答えです。コスモスの花でいっぱいに包まれた家。コスモスのトンネルをくぐって出てくるゆみ子。ゆみ子は、お父さんからもらった一つの花、コスモスの花を大切にして、その後を過ごしたのです。ガツガツと食べ物を欲しがるのではなく、美しいものを大切にして育てる心を持った子に成長したのです。つまり、この仕掛は、テーマに迫る仕掛・疑問です。この疑問を持って、子どもたち読者は、この作品を読み進めていくのです。お父さんの心配を読者の心配として、最後まで読み続けるのです。

戦争中をも幼いゆみ子は、成長していった。お母さんは、ゆみ子を育て上げた。「ゆみ。さあ、一つだけあげよう。一つだけのお花、大事にするんだよう——。」お父さんのこの願いは、ゆみ子の中に実現したのです。人間は、戦争の中をも生き抜く。資源の獲得、領土の拡大。そのために人と人とが、傷つけ合い殺し合う戦争。その中でも、美しいものを大切にする心は、絶えることなく引き継がれ、いっぱいに広がっていったのです。

このように物語には、大小の仕掛が、作品の冒頭から終末に向けて、巧みに配置されているのです。この仕掛を物語の読みの指導過程、学習過程に生かすべきです。作者のくり返し仕掛ける仕掛を児童の疑問・問題として、読み続けていく、読みつなげていく。第一次全文通読をして、この仕掛を解除してはならないのです。

第一次全文通読は、しない。この考え方をさらに決定づけたのが、作家・井上ひさしの言葉でした。エッセイ集7「悪党と幽霊」（中公文庫）所収の「児童文学名作全集解説」より、その文章を抜粋して紹介します。

○物語の基本的要素は、「謎」である。逆に言うなら、謎の提起とその解明、これこそが物語の正体なのだ。
○では、なぜ物語に謎が必要かというと、観客や読者の興味を作品という名の小宇宙に吸いつけておく装置としては、謎より有効なものが、いまだに見当たらないからである。謎を提示されたら、だれでもその答えが知りたくなる。物語の作者たちは、この心理を悪用して、答えを与えるまでの間に自分が言いたかったことをいってしまう。〜〜。物語の構造は、右につきる。
○それは、古今東西のすぐれた物語をひもとけば明らかで、〜〜いずれも冒頭に気になる謎を置いて、受け手たちをたちまち物語に釘付けにしてしまうのである。そして、謎が解明されたとき、受け手の心に、これまでになかった人間に対する考え方が芽生える。謎の提示、その謎の解明、謎が解けたときの快感とともにもたらされる人間存在への深い洞察、これが名作の条件なのだ。〜〜。
本巻におさめられた作品は、〜、どれもこれも謎の提示においてすぐれている。簡単に言えば、「これって、どうして?」「これ、どうなるの?」と読者を強く吸引するのである。

西郷文芸学での「仕掛」と井上ひさしのいう「謎」は、基本的に同じと考えます。「仕掛」「謎」とは、「これって、どうして?」「これ、どうなるの?」ということです。作者が、「読者という観客の興味を作品という名の小宇宙に吸いつけておく装置」なのです。

この「謎の提起とその解明、これこそが物語の正体」なのです。つまり、授業では、まず作者が読者に仕掛けるこの「謎」を読者・児童の疑問・問題としてつかませるのです。そして、「謎の解明」、これが授業では、読解です。作者から提起された「謎」を児童の疑問・問題として、それを文章に即して読み解いていく。これこそが、「物語の正体」なのです。

そして、この「謎の解明」、読解の過程を通して、「これまでになかった人間に対する考え方」「人間存在への洞察」を深めていくのです。テーマに迫る。真実の探求です。

やはり、物語「大造じいさんとガン」です。この作品では、はじめにまず猟師の中の猟師としての大造じいさん、ガンの頭領としての残雪、そして、大造じいさんにとって残雪がどのような存在なのかが、紹介されます。

大造じいさんは、「この残雪が来るようになってから、一羽のガンも手に入れることが、できなくなりました。」「そこで、大造じいさんは、今年こそはと、かねて考えておいた特別な方法に取りかかる」のです。さあ、その「特別な方法」は、うまくいくのか。今年こそは、大造じいさんは、残雪をとらえるのか。残雪は、仲間のガンを守ることができるのだろうか。読者は、この仕掛にのって、この両者のくり返される戦いをワクワクしながら読み進めていくのです。
そして、最後には、大造じいさんが銃を向けているその空中で、残雪はおとりのガンを救うために、命をかけて、ハヤブサと戦うのです。
その場面での子どもの感想です。

☆私は、ハヤブサとともに、沼地に落ちていった残雪が心配です。自分をぎせいにしてまでも、仲間を救う、心のきれいな残雪は、すてきです。ことばでは、あらわせられない何かが残雪には、ひそんでいるような気がします。この物語には、深い意味があるので、深く考えられると思います。上下に敵がいても、何があろうと、仲間を守りぬく残雪は、すごいです。友だち、仲間の大切さをあらためて知ることができました。

この作品では、読者は、大造じいさんの目を通して、残雪を見、とらえていきます。結果、「あの残雪」「あの残雪め」から「ガンの英雄よ」とまで、残雪に対する認識を深めていくのです。そして、読者は、「英雄」というもののとらえ方、考え方を変更、深化させられるのです。人の上に立って、指示・命令を下し、部下たちの犠牲の上に巨大な富や領土などを手に入れた人物などではなく、仲間・他者の生命を守る。自分の命をかけて、仲間の生命を守る。その徹底した献身。それこそが、「英雄」なのだという新たな英雄観、人間認識を獲得していくのです。新たな価値の創造。価値観の深化です。

くり返しますが、始めに物語を全部読んでしまえば、「これって、どうして?」「これ、どうなるの?」が、児童の意識から消えてしまいます。物語の吸引力は消え、読者・児童は、作品から離れていってしまうのです。

以上、第一次全文通読はしない。作品の冒頭に置かれた謎、作品の途中に巧みに配された仕掛・謎を児童の問題意識として、読んでいく。作品を場面毎に分け、これらの謎を解明しながら読んでいく。そして、人間や人間社会についての洞察、認識を深めていく。これが、児童の読みの心理、物語の方法や内容を分析・研究する文芸学、物語そのものを創造する作家の考えから帰結される結論だと考えます。

◇一時間毎の学習過程について

以上の理由から文学作品の授業では、始めから物語を場面毎に分けて、詳しく読んでいきます。では、さらに一時間毎の学習過程について説明します。それは、以下のような基本的な流れで、毎時間、学習を進めていきます。

◆本時の場面の音読（各自の読み、指名読み、斉読）
◆書き出し（本時の場面を読んで思ったことなどをノートに箇条書きで書く。）
◆話し合い（書き出しの発表・交流）
◆本時の内容の確認、読み深め（教師の発問を中心に進める。本時の内容を表現に即して確認するとともに重要事項の指導を通して、さらに読みを深める。）
◆本時の感想を書く。（授業の終わりにまとめとして、各時間に学習した内容・感想などを自由にノートに文章としてまとめ、発表する。）

では、〈書き出し〉などの学習活動について、その考え方や方法について、さらに紹介していきたいと思います。

《書き出し》について

まず、書き出しとは、どういうことかということです。

○一読総合法では、「第一読精読」に独特の基本作業を創案して、新卒教師にも容易に教室で実践できるようにしました。その一つの作業が、「書き出し」です。（児）

○読みは、語・文・文節・文の連なりに対し、さまざまに反応しつつ進行します。わかった・そうか・よくわからない・へんだなあ等、知的な反応のほかに、かわいそう・おもしろそうなど情的な反応もあります。そして、読み手によって、それが異なります。（児）

○一読総合法では、子どもが自力で、しかも全力をあげて、文章に立ち向かうという態度を重視します。その過程での反応をテキストに書きこんだり、ノートに書き出させたりします。（児）

具体的な例を紹介します。「大造じいさんとガン」一章冒頭部分での子どもたちの書き出しです。

1

今年も、残雪は、ガンの群れを率いて、ぬま地にやってきました。
残雪というのは、一羽のガンに付けられた名前です。

左右のつばさに、一か所ずつ、真っ白な交じり毛を持っていたので、かりゅうどたちからそうよばれていました。

残雪は、このぬま地に集まるガンの頭領らしい、なかなかりこうなやつで、仲間がえをあさっている間も、油断なく気を配っていて、りょうじゅうのとどく所まで、決して人間を寄せつけませんでした。

☆私は、最初「残雪」という名前が一羽のガンに付けられた名前と聞いて、私が思っていた残雪は、地面とかに残った雪のことだと思っていました。でも、この「残雪」は、左右のつばさに一カ所ずつ真っ白なまじり毛を持っているガンのことをかりゅうどたちからよばれていることを知って、ちょっとおどろきました。（K）

☆最初は、残雪が群れを率いて、ぬま地にやってくると聞いた時、「雪がうごいてくるの?」と思ったけど、ガンの名前だと分かって、私は、かりゅうどたちは、よびにくそうな名前で呼んでいるなあと思った。

・左右に一カ所ずつ真っ白な交じり毛があるから、「残雪」って、よく思いついたなあと思った。（H）

☆りょうじゅうは、なんのことかと思った。（M）

☆この残雪が、他のガンを見守っているから、かりゅうどたちに見つからずに、えさを食べることができていると思います。

・頭領というのは、他の者よりえらいから守られているかと思ったけど、ガンの中では、頭領がみんなを守っているのでびっくりしました。（O）

☆仲間がえさをあさっている間も、自分は、えさを仲間といっしょにあさらずに、ゆだんなく気を配って、決して人間を寄せ付けない残雪は、仲間を守ろうとする気持ちは、すごいと思った。（S）

☆残雪は、辺りのガンたちを守って、一人も人間を寄せつけないようにしていたから、えさがほしくてもがまんして、自分と仲間を大切にしていたんだと思う。

・残雪は、ゆだんもすきもないようなガンなんだと思った。（T）

◯文章を読みながら、思いうかんだこと、感動したこと、言いたいこと等をそのまま文章の行間に書きこんでいく――これが「書きこみ」です。（児）

◯「書き出し」は、同じ読みながらの作業であっても、読みを一区切りしては、感じたり、気づいたり、考えたこと等をノートに書き出していく作業です。（児）

書きこみは、物語の文章の横に、行間に直接、思ったことや考えたことなどを自由に書いていきます。そのため教科書が真っ黒になってしまい、自分で書いたことが判読できない子も出てきます。そのため私は、学年の始めからノートに箇条書きで、書き出させるようにしています。

さて、この「書き出し」には、確かで重要な、そして豊かな意味があります。そのことをさらに紹介していきます。

〈書き出しの言語・思考的意味〉

○読みながらの反応を書き示す行為、つまり、書きこみや書き出しは、読みの思考の外的行為として行われるものです。（児）

○外的行為を通して、知的行為をさせていく。これを「知的行為形成の理論」というのです。（児）

○言語能力のまだ不十分な子どもたちでは、この行為・作業は、ぜひとも必要です。書きこみ・書き出しという外的行為をすることによって、子どもたちの読みの思考は、充実し、活性化し、その読みは、的確なものとなり、鋭く深いものとして進められます。文字面だけを追って読んでいる子とか、話の筋だけ追って読んでいるような子はいなくなります。（児）

○第二信号系理論に立つ一読総合法は、その土台に「言語は、人間の意識と直結している」――表面の「外言」すなわち、読み、聞き、書き、話すは、じつは意識における「内言」、すなわち言語が参加して行われている思考・認識と結びついている「外内言」にほかならないこと。そして、人間は黙って行う思考・認識・行動においても、つねに「内言」において言語を使っているのです。（児）

○つまり、常にことば化させることが、大事な要素となります。子どもは、言語によって思考し、言語によって認識する。（児）

○一読総合読みは、書きこみ・書き出し・話し合い等の外的行為と通して、読みの能力を心内化させる読みなのです。（児）

○内的知的行為（頭の中での思考）の形成は、直接的に外から与えることはできない。まず最初に外的行為として、「外在化」させる（行為させる手だてを与える）ことが要求される。～～～この外的行為は、やがて子どもの頭の中で行われる内的知的行為へと転化＝心内化されていく。（児）

○「子どもにこれこれの能力（知的行為）をつけてやりたい。」そう思われたら、まずどんな外的行為を与えたらいいかと考えなければならない。（児）

○知識の習得というのは、生徒における外的行為の形成過程なのです。（児）

○子どもは、まだ無音声内言に慣れていません――感じたことは、書き、発言し（外内言化）→←書いたり、発言することによって、さらに内言そのものが進められるのです。一読総合法は、この外的行為（書くことや発言）を大切にしつつ、（1）一方では、それによって進められる子どもの内言の進展を奨励し、（2）一方では、そういう外言をとらえつつ、その内容をさらに高めるとともに、（3）音声化、文字化しないで内言の進められるそういう能力に転化してやるのです。（４）この能力高めに奉仕しているのが、ほかならぬ「書きこみ」「書き出し」「話し合い」なのです。（児）

○「意識↓↑言語直結説」（言語本質観）

・人間の全意識活動（感覚・知覚・注意・記憶・想像・思考……）は、言語を所有することによってのみ、はじめて人間に顕現するのだという説。裏を返せば、言語がなければ、人間としての全意識活動はない。たとえば、言語を所有していても、それが未熟な言語であれば、未熟な意識活動しかできないという考えになります。パブロフの第二信号系理論から把握した言語観です。（児）

○右の言語観からの国語教育観です。

・学習によって、高次な言語を獲得させればさせるほど、人間としての全面発達を図ることができる。

　言語は、外言語であると同時に内言語でもあるのです。外言語としては、通達の役割をはたし、内言語としては、思考として働くのです。外言しつつ内言し（外内言）、この行為のくり返しによって、内言力は、ますますその強化の度を加えていく。この強化を図ることを国語教育の中核にすえた教育観なのです。（児）

＊つまり、書いたり、話したりすることによって、内面での言葉を豊かにし、思考を鍛えていくのです。

○外的諸原因は、内的諸条件を媒介として、作用する。（ルビンシュテイン「存在と意識」）

○われわれの教育・国語教育は、このようにして外的諸原因を最も有効に子どもに作用させるような、そういう内的諸条件をこそ、その日ごとの教育のいとなみにおいて、形成しつづけてやることを行っているのです。よく読める能力を内的に形成していくのです。（児）

　まとめて言えば、外的行為である「書く」「話す」は、内的思考とつながっている。内的思考そのものだということです。こどもたちにただ〝考えなさい。〟と言っても、それはむずかしいのです。この「書く」「話す」行為を課題として、指導し、鍛えることによって、内的思考を鍛え高めていくことができるということです。

　その中で私は、「書くこと」を重視します。授業の中で子どもたちに言います。「書いて考える」「書いた分だけ考えた」と。そのノートが、子どもたちの思考の足跡です。一年間の中で重点的に扱った物語教材では、書きこみと各時間の終わりの感想などでノート一冊を使う子も出てきます。書き出しでは、子どもたちが、鉛筆を持って、静かに教科書とノートに向かいます。書くことで児童全員の学習を保障することができるのです。「話す」は、そうはいきません。進んで話す子もいれば、控えめな、そして苦手な子もいるのです。

　書き出しには、各授業時間で7・8分の時間を充てます。7・8分過ぎても子どもの多くが、まだ気づいたことや感想などを書き出している時は、12・13分になることもあります。しかし、それ以上の時間はとれません。次の話し合い（書き出しの発表）に移ります。その場合でも「まだ書くことがある人は、書いてていいですよ。」と子どもたちに告げておきます。子どもたちの学習をしっかりと保障したいと思うのです。この「書き出し」を「一人読み」とも言うのです。

〈書き出し（一人読み）は、イメージ体験・感情体験〉

○テキストにあって、見られるのは、文字記号だけです。それを辿りながら、いろいろな人物やその行動、場面などを頭の中に描き出すことができるのは、表象の働きによります。（文）

○文芸の読みは、イメージを描くことによって、ひきおこされる感情体験です。（文）

○「その場に居合わせるように」思い描くことが、できなければなりません。そして、その〈場面〉の中を生き、行動する登場人物たちの心が、「わがことのようにわかる」ことが、できなければなりません。（文）

○〈ことばの芸術〉としての文芸を読むということは、何よりもまず一つひとつのことば（文字）の意味をおさえ、そこに書かれている〈ことがら〉を正しくつかみとらねばなりませんが、実は、ことばのもつ意味をふまえながら、さらにそこに描かれた情景とそこに生きる人物の姿と心を「まざまざとその目に見、耳に聞き、肌に感ずるよう」に表象化しなければなりません。そして、その〈場面〉の中を生き、行動する登場人物たちの心が、「わがことのようにわかる」ことが、できなければなりません。つまり、描かれた状況とそこに生きる主体をともに「手にとるように」つかみとることなのです。（文）

さらに書き出しの例を紹介します。「大造じいさんとガン」での残雪とハヤブサの戦いの場面です。

> 残雪の目には、人間もハヤブサもありませんでした。ただ、救わねばならぬ仲間の姿があるだけでした。いきなり、敵にぶつかっていきました。そして、あの大きな羽で、力いっぱい相手をなぐりつけました。
> 不意を打たれて、さすがのハヤブサも、空中でふらふらとよろめきました。が、ハヤブサも、さるものです。さっと体勢を整えると、残雪のむな元に飛びこみました。
> ぱっ
> ぱっ
> 羽が、白い花弁のように、すんだ空に飛び散りました。そのまま、はやぶさと残雪は、もつれ合って、ぬま地に落ちていきました。

☆もう残雪の目には、人間もはやぶさもありませんでした。

そこで、だれかのために夢中になって戦う、命をけずりかけて戦うということは、すばらしいとすごく感じました。

・鳥と鳥、強い者と強い者。共通点の中で戦うのは、おたがい一歩もさがらず、前にもでれない。そんな中でおたがい気がもつのか？と思いました。（T）

☆いつもは、人間や動物などをけいかいしている残雪でも、仲間をたすけるときには、そんなことはわすれてしまうんだなと思いました。きっと残雪にとって仲間は、家族みたいに大切なものだから、自分の身を投げ出してでもたすけられるんだろうなと思いました。（S）

☆残雪は、人間やはやぶさがいたってかまわないほど、しんけんに仲間をたすけているんだと思いました。ぬま地に落ちていって、力もむこうの方が強い残雪は、このままどうなってしまうのか、心配です。（N）

☆残雪は、天敵であるはやぶさと命がけの戦いをした。どうなるか分からないというのに、敵にぶつかり、大きな羽で相手をなぐりつけた。残雪は、大造じいさんのおとりのがんに代わって戦うなんて、すごいと思った。これは、私たちにはできないことだと思います。大造じいさんは、おとりのがんを残雪が助けてくれたことに大変かんしゃしているのだろうと思った。ここで私は改めて、仲間の大切さを感じました。（O）

☆もう残雪の目には、救わねばならぬ仲間の姿があるだけでした。私は、残雪のこの行動を見て、仲間のためにつくしなさいというメッセージを見せつけられているような気持ちになりました。

・自分の命をかけてでも戦う残雪は、仲間思いどころじゃない、すごい気持ちでいっぱいだと思いました。そして、残雪は、地上に落ちてからはどうなったのかなあと思いました。

・残雪は、本当に頭がいいというより、優しい心であふれていると思いました。（M）

さらに二年生の物語教材「スーホの白い馬」で、白馬が殿様の所から逃げ去る場面での子どもたちの書き出しです。

家来たちが、白馬を引いてきました。とのさまは、白馬にまたがりました。

そのときです。白馬は、おそろしいいきおいではね上がりました。とのさまは、地面にころげおちました。白馬は、とのさまの手からたづなをふりはなすと、さわぎたてるみんなの間をぬけて、風のようにかけだしました。

とのさまは、おき上がろうともがきながら、大声でどなりちらしました。

「早く、あいつをつかまえろ。つかまらないなら、弓でいころしていまえ。」

家来たちは、いっせいにおいかけました。けれども、白馬にはとてもおいつけません。家来たちは、弓を引きしぼり、いっせいに矢をはなちました。矢は、うなりを立ててとびました。白馬のせには、つぎつぎに矢がささりました。それでも、白馬は走りつづけました。

☆白馬を弓でころしてしまったら、スーホが、ものすごくかなしむことをぜんぜんとのさまは、思っていないと思いました。

・白馬は、おそろしいいきおいではね上がりましただから、とのさまの白馬には、なりたくないと思っていると思いました。

・とのさまは、白馬の心をぜんぜんしらないのに、もらおうとするのがまちがっていると思いました。白馬は、とのさまといるのがとてもいやなんだと思いました。（S）

☆白馬は、とのさまを地面にはねあがらして走って、スーホのところへいくんだと思いました。白馬は、すごくかわいそうだと思いました。

・とのさまは、スーホからとったものなのに、白馬がにげてつかまらないなら、弓でころすなんていけないと思いました。

・白馬は、矢をうたれてつぎつぎに矢がささって、スーホがとのさまのけらいにうちのめされたときと同じくらいきずがあったと思います。（M）

☆白馬は、スーホたちのために矢がささっても、いっしょうけんめいだったと思います。スーホと白馬は、いつまでも思いあっているから、とのさまからにげだしたのだと思います。

・家来たちになんかつかまったって、白馬は、ずっとずっと走りつづけると思います。白馬のいのちをすくったのもスーホ、白馬を心をこめてそだててくれたのもスーホ、みんなスーホがやってくれたからです。

・とのさまよりかも、スーホのほうが、１０００倍ぐらい大すきだったと思います。（H）

☆とのさまは、弓でころしてしまえといい、すごくひどいことを言う人だと思いました。家来もひどいと思います。

・白馬を弓でころしてしまえと言う人は、とのさまやけらいたちだけだと思います。

・白馬は、とのさまをおとしただけなのに、どうしてころしてしまうんですか。白馬は、わるくないと思います。むりやりとのさまをのせようなどとすることは、まちがっていると思います。（T）

☆白馬は、にげるチャンスだと思って、にげたんだと思いました。白馬は、スーホに会いたくて、にげたのだと思いました。

・とのさま、大声でどなっていたから、白馬にも聞こえたかもしれません。でも、白馬のせなかに矢がぶつかってしまって、かわいそうだと思います。

・白馬は、矢がささっても走りつづけて、すごいと思います。

☆白馬は、スーホがそだてた馬なのに、とのさまが弓でいころしてしまえなんて、かってにきめて、人のいのちを大切にしていないと思いました。
・白馬が、弓でさされたことをスーホが知ったら、スーホがどんなにかなしむか、とのさまは何とも思っていないんだと思いました。（S）
☆「風のように」は、たとえだとわかりました。それは、白馬が風のように走りぬけることだと思いました。
・矢は、うなりをたててとぶから、とてもいきおいよくとんだと思いました。
・とのさまは、心の中で人になってイメージしたらどうですか?そうすれば、人がかわいそうなことをたいけんできるではありませんか。そうすれば、人思いをもつことができます。（K）

さらにもう一つ、四年生の物語教材「一つの花」で、お父さんとゆみ子が別れる場面での書き出しです。


お母さんが、ゆみ子を一生けんめいあやしているうちに、お父さんが、ぷいといなくなってしまいました。

お父さんは、プラット・ホームのはしっぽの、ごみすて場のような所に、わすれられたようにさいていたコスモスの花を見つけたのです。あわてて帰ってきたお父さんの手には、一輪のコスモスの花がありました。

「ゆみ。さあ、一つだけあげよう。一つだけのお花、大事にするんだよう――。」

ゆみ子は、お父さんに花をもらうと、キャッキャッと足をばたつかせて喜びました。

お父さんは、それを見て、にっこり笑うと、何も言わずに、汽車に乗って行ってしまいました。ゆみ子のにぎっている、一つの花を見つめながら――。

☆お父さんとのわかれで、コスモスの花をゆみ子にあげてなぐさめた。
・一本のコスモスの花のおかげで、お父さんとのわかれをたのしくできた。
・また、「てしまいました」がでてきて、困ったことを表している。
・とうとうかぞく三人がわかれてしまった。
・お母さんは、もうゆみ子をあやすことしか考えていなかったから、お父さんがいなくなったこともしらない。
・「にぎっている」だから、ただもつだけでなく、とても喜びのあるようなもちかた。
・だいの「一つの花」というのは、おとうさんからもらった一輪のコスモスの花のことだった。
・お父さんからもらったコスモスの花で、ゆみ子の小さなむねはふくらんでいた。

・ゆみ子がコスモスの花をにぎっていて、喜んでいる所をみると、お父さんは何もいう言葉はなかった。（S）
☆だいの一つの花は、お父さんがわかれの時に、ゆみ子にあげたコスモスの花のことだった。
・「キャッキャッと足をばたつかせて喜びました。」ゆみ子は、ここで小さな喜びを少しだけもらった。
・もっているじゃなく、「にぎっている」だから大事にしている様子。
・コスモスは、みんなにあいされている。（A）
☆花がでてきたから、題名の「一つの花」とは、コスモスのことだった。
・お父さんは、ゆみ子と最後は笑ってわかれられた。
・何も言わずに汽車に乗ったのは、さよならとかいうと、かなしくなるから、ゆき子もじぶんも笑ったから、もうなにもいわずに汽車にのっていった。
・ゆみ子は、このあと、お父さんにもらった一輪のコスモスをいったいどうするのか。（K）

◯〈とおしよみ〉（＊場面毎に分けての読み）では、筋の展開にそって、はじめ・つづき・おわりと読み進めていきます。「てにおは」をおさえて、きめ細かく読み進める中で、人物や世界のイメージをつくり、同時に切実な体験をする。切実な体験とは、読者自身が登場人物の気持ちになって、泣いたり、笑ったり、あるいは第三者の立場で、かわいそうにとか、こっけいなことよとか、感じたりすることです。（文）

◯人物の気持ちになり切ることを〈同化体験〉と言います。第三者として、人物を見、感想を持つことを〈異化体験〉と言います。一つの場面を読み、〈同化体験〉と〈異化体験〉の二つをないまぜにして体験することから〈共体験〉と言うわけです。

　文芸の授業の基本的ねらいは、そこに描かれている人間の真実を同化・異化体験、つまり共体験させることにあります。（文）

◯ある人物の身になって、我が事のように、あるいは、わきからそれらの人物をながめるようにまざまざと共体験させるのです。（文）

◯感情は、〜〜柔軟な頭脳が、文字を読み進むとき、内部から生まれ出てくるものなのです。（児）

◯感動は、読み終わって、やっこらさと出てくるものではないのです。一文節ごとに反応としての感動が、微妙に生起する。それが、前後反響しつつ、そういう反応こそ、部分→←総合としてより大きな感動に向かって、毎秒高まっていくものなのです。（児）

◯文の一文節を読み進みつつ、自分の意識が毎秒敏感に微妙に変化する、そういう反応能力を肉体化してやる。それが、国語教育に中心的に含まれている指導過程そのものなのです。（児）

○誰が、どうしたということを読みとることだけが、目的ではありません。主題を頭でわかることでもありません。読者自身が、愛や憎しみや怒りを切実に感じることです。そのことから文芸教育は、豊かな感情をそだてる教育であると言われます。（文）

書き出しでは、物語を読んで思ったことや気づいたことをノートに自由に書いていきます。物語の登場人物について、思い、気づかう。大造じいさんや残雪。スーホや白馬、そして、殿様。ゆみ子やお父さん、お母さんのことを一生懸命に思い・考えるのです。

「白馬は、にげるチャンスだと思って、にげたんだと思いました。白馬は、スーホに会いたくて、にげたのだと思いました。」

「白馬が、弓でさされたことをスーホが知ったら、スーホがどんなにかなしむか、とのさまは何とも思っていないんだと思いました。」

人物の気持ちになり切る。登場人物になって、泣いたり、笑ったり、怒ったり。人の身になって、我が事のように切実に追体験する。これを同化体験というのです。そして、これが、思いやり、思いやるということなのです。思いやりは、想像力です。登場人物、相手の身になって、登場人物の心の中に入りこんで、その思いをイメージ化し、想像するのです。物語の読みでは、その活動・行為をくり返し何度も行うのです。

「ぬま地に落ちていって、力もむこうの方が強い残雪は、このままどうなってしまうのか、心配です。」

「だれかのために夢中になって戦う、命をけずりかけて戦うということは、すばらしいとすごく感じました。」

第三者として、人物を見、感想を持つ。第三者の立場で、かわいそうにとか、こっけいよとか、感じる、思う。登場人物を外から見て、心配だ、すばらしいなどととらえていく。時には、登場人物にやさしく声をかけていく。これを異化体験というのです。

同化体験・異化体験〜共体験・文学体験です。このくり返しの活動・体験が、子どもたちの心に豊かな情操を育んでいくものと考えます。

しかし、今、このような取り組みは、ほとんど見られません。くり返しになりますが、例えば、この「大造じいさんとガン」でも、以前は単元目標が、「情景を思いうかべて」（光村版）ということで、「大造じいさんの残雪に対する気持ちの移り変わりを読みとる」ことが目標でした。ところが現在の教科書の指導書の単元計画は、「作品を自分なりにとらえて朗読しよう」です。指導書の単元計画は、全8時間。そのうち内容の読み取りに充てる時間は、わずか4時間です。あとの4時間は、朗読の練習や発表、短文作りです。たった4時間でこの「大造じいさんとガン」という物語を深く豊かに感動をもって、追体験することなどとてもできないのです。一言付言すれば、戦後、先生方が積み重ねてきた貴重な教育実践の成果を投げ捨ててしまったのです。

今、政治も経済も思いやりがない。思いやりのある人は、邪魔なのです。人のことを大切に考える人がいては、困るのです。例えば、リストラされたり、非正規や低賃金の人たちの心に思いを寄せ、手を差しのべる。共に手を結ぶ。そんな人間が、多数になったら困るのです。今の子どもたち、大人たちの情感の貧しさ、その原因の一つが、ここにあるのです。「スーホの白い馬」の中で、「つかまらないなら、弓でいころしてしまえ。」とどなった殿様に二年生の女の子が言いました。

「とのさまは、心の中で人になってイメージしたらどうですか?そうすれば、人がかわいそうなことをたいけんできるではありませんか。そうすれば、人思いをもつことができます。」と。

まさに今、子どもや大人たちに、多くの人たちに伝えるに価値ある言葉だと思います。

〈読みは、文章・作者との対決、新たな気づき、自己変革〉

○読みは、その考えそのものを吟味することを含む仕事でもあります。(児)

○反応しつつ読むことによって、読みをより的確なものとしていきます。読みの思考をより充実させ、より確かなものとしていくのです。と同時に読みながら書くという行為は、読み手を自然と主体的立場に立たせ、その読みは、主体的なものとなって展開されていきます。(児)

○書き手は、書き手の立場でものを言い、読み手は、読み手の立場から書かれていることに対し、納得したり、啓発されたり、批判したりするということです。要するに読み手は、自己の経験に基づいて、文章に当たるわけです。(文)

○そして、さらに同じ一人の読者でも、読みを進める過程で体験される美の豊かさ、深さも違ってくることは、言うまでもありません。(文)

もう一度、「大造じいさんとガン」で、残雪とハヤブサが戦う場面での子どもの書き出しです。

「もう残雪の目には、救わねばならぬ仲間の姿があるだけでした。私は、残雪のこの行動を見て、仲間のためにつくしなさいというメッセージを見せつけられているような気持ちになりました。」

さらに三章の最後、沼地に落ちていった残雪と大造じいさんが、正面から向き合う場面での子どもの書き出しです。

「むねを紅いにそめても、まだ最後の力をふりしぼったので、じいさんは心を打たれました。いかにも人間らしい行動をとった残雪は、もうガンには見えないほどかがやいていると思いました。心や行動が美しいと、こんなにもかがやいて見えるのは、世の中で限りの少ない仲間や人間につくす気持ちが、すごく大切で、その大切な気持ちをもって、実行しているからだと思いました。」

やはり同じ場面で、終わりに子どもが書いた感想です。

「自分をきずつけてまで仲間を助ける。今の世の中では、仲間をみすて、自分がいい思いをすれば、それでいいという世界だから戦争が起こるんだ、争いが終わらないのかという考えが、心の底からでてきました。私も命をかけて仲間を守るなんてことはできないけど、せめて仲間を守るというのを実行していきたいです。」

最後に四章での書き出しです。

「おりの中でひと冬をこした残雪は、大造じいさんに助けてもらったんだと、少々びっくりした。でも、『残雪』という自己犠牲の気持ちをもつ一羽の鳥が、死ななくて本当によかった。もしこれで大造じいさんが、とってしまっていたら、どうなるのかと思うけど、大造じいさんは、残雪のもつ大切な心に気がついたんだと思う。私も残雪を手本にできたら……と思う。」

○読みとは、ひとりひとりの言語能力に応じて、またひとりひとりの持つ人生体験や個性（人間性）等に応じて、文章と対決し、読みすすめます。読みすすめながら、時には感動し同感し、時には反問し、時にはひとり言をつぶやいたり、考えこんだり、感想・意見を持ったりします。そして、書かれている事柄や読み手自らの考え等から、新たなことに気づき、新たな考えや世界を生み出し、作者と対決し、作者を越えて、自らの考え・自らの世界を創り出し、自らを変革していくのです。（児）

《話し合いについて》

○知力を総発揮して、書きこみ・書き出ししたものを発表しあい、読み深めていく外的行為が、話し合いです。（児）

○一読総合読みでは、主体的なひとり読みの内容をひとりひとり発表し合い、相互に読解の異同を確かめ合い、クラス全体の集団読みへと発展させていきます。（児）

○一読総合読みでは、書きこんだ内容を発表し合うという外的行為を通して、読みを深化させ、読みとっていく力を育てていきます。（児）

○一読総合法の読みの過程では、「ひとり読み」の次にすることは、集団思考（話し合い）です。話し合いは、ひとり読みをしたことの出し合いですから、書きこみ・書き出しのひとり読みが、よくできていればいるほど、話し合いも活発になり、質の高いものになります。

そして、話し合い＝集団思考の中で、ひとりひとりの読みが確かめられ、正されることになりますから、また、ひ

とりひとりの読みの能力を伸ばし高めることにもなるのです。ひとり読みの力の高まりは、話し合う力（集団思考力）を高めていきます。集団思考力の高まりは、いっそうひとり読みの力を高めることになりますから、「ひとり読み」→←「集団思考」という関係を大事にしなければなりません。（児）

　話し合いは、書き出しの後、10分程の時間をとります。児童の座席の配置を大きく左右に分け、向かい合わせにしたり、コの字型にしたりしてやったことがあります。グー（反対）チョキ（つけたし）パー（その他）のハンドサインを決め、子ども同士、チョキ・グー・パーの優先順位で相互に指名させたりもしました。子どもたちの感想や意見の相違をとらえ、話し合いのテーマなどにしたこともあります。

　いろいろな技法はありますが、結論として言えば、物語の読みでの話し合いは、書き出しをもとにした各自の感想・意見の自由な発表・交流でよいと考えます。互いに感想や意見を聞き合い、その違いを感じ理解し、各自の思いがふくらんでいく、考えが深まっていく。そのことでよいと思うのです。

　話し合い・討論は、科学で言えば真理、芸術で言えば真実を探求するその一つの方法です。批判を含めて、互いに意見を聞き合い、真理（自然や社会における科学的真理）、真実（人間としてのよりよい、より深いあり方）に限りなく近づいていくのです。決して自己の主張を押し通すための場ではありません。ディベートのように、いろいろな理由をつけて、相手を説き伏せるなどのことをさせてはいけません。

　さらに言えば、人前で話すことが苦手な子もいます。しかし、そんな子の中に内容の豊かな深い書き出しをしている子がいるのです。でも、そんな子に発言を強いることはしません。そんな子を私は、いとおしく思うのです。自ら手を挙げる機会を待つのです。「巧言令色、少なきかな仁」（論語）、口の上手な、おしゃべりな子などつくることはないのです。

　くりかえし、物語の読みでの話し合いでは、子どもたちの感想・思いを互いに大切にして聞き合い、ひとりひとりの思いが、じっくりと豊かにふくらんでいく、深まっていけばよいと考えます。物語を読んでの思いや感想は、他者によって否定されるものではないと思うのです。

《本時内容の確認・読み深め》

　話し合い（書き出しの発表・交流）が終わった後、授業の後半は、教師の発問によって、内容・表現をしっかりと確認しながら読んでいきます。前半の「ひとり読み」で、かなり読みとれた子もいます。しかし、不十分な子の方が多いのです。そして、何よりも教師として、本時の内容・ねらいに迫るためです。

　一読総合法では、「ひとり読み（書き出し）」「話し合い」

「まとめ」「次の部分の予想・見とおし」の作業を各立ちどまり（場面）でくり返します。つまり、子どもたちの自主的な読み・話し合いで授業は、進んでいきます。しかし、私は、ただ子どもの書き出し・話し合い、そして、それをまとめればよいとは考えません。それでは、子ども任せに終わってしまう。国語科としては、弱い。文学教育としても不十分です。やはり教師の指導が、必要だと考えるのです。

ここで、やはり文芸研の考えを紹介します。

○文芸の授業のねらい

・ことばの教育～「ことば」を通してしか、その世界に入れない。当然「ことば」をおさえた授業であることが、要求される。「ことば」について、さまざまな指導がなされる。

・人間の教育～文芸は、人間を描いている芸術です。文芸教材を使っての授業は、つまり人間の教育です。

・美の教育～人間の真実が、ことばによって、おもしろく、味わい深く、趣のあるように表現されているところの芸術、それが、文芸ということになります。（文）

○文芸は、人間を描く。文芸の描写の中心に位置するものは、人間です。芸術としての文芸は、やはりことばによってですが、人間の本質を概念的にではなく、形象的に表現します。

○国語科で文芸教材を扱うのは、ことば、表現（芸術的表現）についてはは勿論、何よりも人間とは何ぞや、人間というものの本質・真実、そして、人間にとってのものごとの価値・意味を認識する力を育てたいということです。

○すぐれた文芸作品のなかには、人間の真実が表現されています。そして、ほかならぬその真実が、読者によって美として体験されるというところに文芸作品を読むということの教育的意義もあるのです。（文）

○同時に文芸のもう一つの本質、つまり、ことば表現ということを考えます。ほかならぬ、ことば・表現を教材にするのですから、当然、言語の教育が、なされなければなりません。生きた文章からさまざまな表現方法を学ばせる、血の通った形で文法を学ばせるのです。（文）

○もちろん文芸として、芸術性豊かな思想をそなえた作品でなくてはいけませんけれども、言語・文法・表現の指導の観点から見てもなお、その学年にふさわしい要素がある作品でなくてはなりません。（文）

○文芸教育の中に文芸学の理論が導入される第一の理由は、作品の読みにあたって、「たしかさをふまえたゆたかな深い読み」が、保障されるということです。（文）

つまり、文芸教育、物語の授業では、ことば・表現の指導を通して、人間の本質・真実に迫っていく、文芸の美を味わうということです。

それではまた、「大造じいさんとガン」の第一章、冒頭の部分を例にそのおさえるべき所、指導内容について考えたいと思います。

1

今年も、残雪は、ガンの群れを率いて、ぬま地にやってきました。

残雪というのは、一羽のガンに付けられた名前です。左右のつばさに、一か所ずつ、真っ白な交じり毛を持っていたので、かりゅうどたちからそうよばれていました。

残雪は、このぬま地に集まるガンの頭領らしい、なかなかりこうなやつで、仲間がえをあさっている間も、油断なく気を配っていて、りょうじゅうのとどく所まで、決して人間を寄せつけませんでした。


前書きでは、大造じいさんの基本的な人物像をとらえました。この場面でのねらいは、残雪の人物像をとらえることになります。残雪とは、本来、何のことなのか。ここでは、何につけられた名前なのか。この一羽のガンにどうして残雪という名前が付けられたのか。子どもたちの中には、本来の残雪（消えずに残った雪）というものが、どういうものか、わからない。ガンという鳥を知らない子もいます。群れ、率いる、沼地などの言葉の意味、翼とは、まじり毛とは、そして、真っ白。白の表すものは、何か。「真っ白」は、ただ白とどう違うのか。（そして、これが、残雪の人格としてのイメージなのです。残雪は、この物語を通して、純粋、無垢、無心に「黒」ではなく「真っ白」に生きる姿を体現していくのです。）

さらに「頭領」とは、何なのか。「リーダー」といった場合などと、そのイメージが、どう違うのか。りこうなやつ、これは、狩人との関係を表します。狩人たちにとって残雪は、憎らしく困った存在なのです。以上、これらの言葉・表現は、すべて残雪の基本的な人物像を規定するものです。このような基本的な事項を確実におさえる必要があります。後の読みが、ぶれることなく読み深めていくために欠かす事ができないのです。

そして、この場面でのポイントは、「仲間がえをあさっている間も、油断なく気を配っていて、りょうじゅうのとどく所まで、決して人間を寄せつけませんでした。」という表現です。「えをあさっている間も」のもは、強調のもです。えをあさっている間さえもです。仲間が夢中になって、えさを食べている間も、残雪は周囲に気を配っていて、人間を、狩人たちを決して寄せつけない。仲間の「食」を守る。仲間のガンの「生命」を守る。自分より仲間を守り大切にする姿が、この一文に表現されているのです。自分が食べることは、後回しです。これが、残雪の基本的な人物像、この物語での出発点での姿です。そして、この物語は、このガンの「仲間」をめぐっての、仲間を守る残雪と残雪の仲間をとらえようとする大造じいさんとの戦いなのです。

子どもたちの自主的な書き出しや話し合いだけでは、このような内容を押さえたり、この場面での本質に迫ることはできません。教師の指導が、どうしても求められるのです。

さらに「大造じいさんとガン」の3章、残雪とハヤブサの戦いの場面を考えます。

残雪の目には、人間もハヤブサもありませんでした。
ただ、救わねばならぬ仲間の姿があるだけでした。いきなり、敵にぶつかっていきました。そして、あの大きな羽で、力いっぱい相手をなぐりつけました。
不意を打たれて、さすがのハヤブサも、空中でふらふらとよろめきました。が、ハヤブサも、さるものです。さっと体勢を整えると、残雪のむな元に飛びこみました。
ぱっ
ぱっ
羽が、白い花弁のように、すんだ空に飛び散りました。
そのまま、はやぶさと残雪は、もつれ合って、ぬま地に落ちていきました。

ここでのねらいは、逃げ遅れたおとりのガンを救うために天敵ハヤブサと戦う残雪の行動を、その仲間への献身の姿を比喩表現「白い花弁のように」などから美しいものとしてとらえていきます。ここは、この物語の山場です。内容が、いっぱいつまっています。一つ一つの言葉・表現をしっかりとおさえていきます。


「残雪の目には、人間もハヤブサもありませんでした。」

この助詞「も」は、並列の「も」、同じ「も」です。人間とは、大造じいさんのことです。大造じいさんもハヤブサも共に残雪の生命をおびやかす敵なのです。しかし、残雪は、この二重の危険が待ちうける状況の中へも、ただ仲間を救うそのために自らの生命をかけて飛び込んできたのです。

「ただ、救わねばならぬ仲間の姿があるだけでした。」

仲間とは、物事を、生活を共にする友人であり、集団です。「ねばならぬ」とは、そうする義務・責任があるということです。ここでは、頭領として、窮地に陥った仲間のガンを救う責務が、残雪にはあるということです。この残雪の姿を見て、語り手・大造じいさんは、そのように感じとったのです。

しかし、残雪には、相手を傷つけるような尖った爪などありません。ハヤブサのように相手の体を引き裂くような鋭い嘴もないのです。残雪は、「いきなり、敵にぶつかっていきました。」「そして、あの大きな羽で、力いっぱい相手をなぐりつけ」たのです。全身で、体丸ごとを投げ出して、残雪は、戦うのです。この物語は、「仲間」を守る戦いの物語です。

ここでは、5年生の子どもたちに、もう一度、仲間とは何なのか。どうして窮地に陥った仲間は、救わねばならないのか。生命をかけて仲間を守る残雪を君たちはどう思うか、などと問いかけていきます。

「さるもの」とは、相当な者、手強い者、したたかな者です。さらになぜハヤブサは、残雪の胸元を狙うのか。「ぱっぱっ」は、擬態語です。残雪の羽が、飛び散った様子を表します。これも「ぱっ」を横に二つ並べることによって、読者に形として、視覚的に残雪の羽が勢いよく飛び散った様子を表しているのです。

「羽が、白い花弁のように、すんだ空に飛び散りました。」

白とは、純白、汚れがないということです。花弁、花びらは、美しいということです。これは、比喩を含んだ情景描写です。ハヤブサと戦う残雪の姿を見て、心を動かされた大造じいさんには、このように写ったのです。仲間のガンを守るためにガンを守るためにハヤブサと戦う残雪の姿は、汚れなく綺麗なのです。仲間のハヤブサと戦う残雪の行為・行動は、美しいのです。「飛び散る」は、ただ「散る」とどう違うのか。これは、ハヤブサの攻撃の激しさ、凄さを表します。仲間を救うために、それによって傷つき飛び散った残雪の羽を大造じいさんは、「白い花弁」と見たのです。比喩には、意味がある。大造じいさんは、その自己犠牲の戦い・行動を汚れのない美しい姿ととらえたのです。人の行動にも、綺麗・汚いがある。人の行動・姿にも、美しい・醜いがあることをこの表現、この場面を通して考えさせていきたいと思うのです。

　以上のように、この場面で教師としておさえたい言葉、表現は、たくさんあります。重要語句「仲間」、並列の助詞「も」の働き、文節「胸元に飛びこむ」の意味、擬態語「ぱっぱっ」とその表記の仕方、情景描写「羽が、白い花弁のように、すんだ空に飛び散りました。」とそこに含まれる比喩表現「白い花弁のように」、複合語「飛び散る」、そしてこの場面でのテーマ「献身の美しさ」。

　しかし、子どもたちの書き出し・話し合いからでは、以上のような表現や内容などは出てこない。児童の読みには、限界がある。どうしても教師の指導が必要なのです。

　では、この場面での具体的な発問を紹介します。

【本時の内容の確認・読み深め】

［舞い戻ってきた残雪の思いをとらえる］

◎さあハヤブサにおそわれて、残雪はガンの群れをどこにどうしたのですか。（安全な所にに導いて、飛び去っていった。）

・ところが、残雪、再び、どこに戻ってきたのですか。

・そして、そこには、だれがいるのですか。（ハヤブサ）

・そして、地上では、だれがだれをねらっているのですか。

・さあ、しかし、残雪の目には、誰も誰もないというのですか。

・ただ、どうしなければならない誰の姿が、あるだけだというのですか。

・「救わねばならぬ」とは、どういうことですか。ただ「救う」とどう違うのですか。

・そして、ここでは残雪、誰から誰を救うのですか。

・さあ、くり返し「仲間」とは、何ですか。

・そして、どうして残雪、仲間を救わねばならないのですか。
・さあ残雪、いったん無事に逃げ去ったのに、どうしてまた戻ってきたのですか。
［空中で戦う残雪とハヤブサの様子をとらえる］
◎さあ、その残雪、いきなりだれにどうしていったというのですか。
・敵とは、誰のことですか。
・そして、さらに何でどうしたというのですか。
・さあ、残雪、どうして体当たりなのですか。どうして羽でなぐるのですか。
・ガンである残雪に、ハヤブサのような鋭い嘴や爪あるのですか。
◎さあ、残雪に体当たりされて、力いっぱいなぐられて、ハヤブサはどうなったのですか。
・が、しかし、ハヤブサもどんな者だというのですか。
・「さるもの」とは、どういうものですか。
・さあ、しかし、ハヤブサ、さっと何をどうしたのですか。
・そして、ハヤブサ、誰のどこにどうしたというのですか。
・ハヤブサ、どうして残雪の胸元に飛びこむのですか。
・結果、何がどうなったというのですか。
［情景描写～ぱっぱっ　羽が、白い花弁のように、すんだ空に飛び散りました。～の様子をイメージ化し、その意味を考える。］
◎さあ、「ぱっぱっ」これ、言葉の種類、何ですか。（擬態語）
・この擬態語「ぱっぱっ」は、何がどうした様子を表しているのですか。
・そして、「ぱっぱっ」、横書きと縦書きでは、どう違いますか。
・さらに「飛び散る」、ただ「散る」どう違うのですか。
◎そして、それは、どのように見えたというのですか。
・さあ、「花弁」とは、何ですか。
・そして、「白い花弁のように」このような表現のことを何というのですか。（比喩）
・比喩とは、どのような表現の仕方ですか。
・そして、ここでは、だれの何を「白い花弁」と喩えているのですか。
・さあ、まとめて「羽が、白い花弁のように、すんだ空に飛び散りました。」とは、どんな様子ですか。どんな様子を思いうかべますか。
◎そして、これ、誰にそう見えたのですか。ハヤブサの攻撃によって飛び散った残雪の羽を、誰が「白い花弁のように」ととらえたのですか。（ここから比喩の意味を問う）
・そして、大造じいさんには、残雪の飛び散る羽が、どうして「白い花弁のように」見えたのでしょうか。
・さあ、ここから大造じいさん、仲間を救うためにハヤブサと戦う残雪のその姿をどう見ている、どう思っているということですか。この［白］「花弁」の意味は何ですか。（清潔、純粋、美しい、汚れがない）
＊ここは、難しいので、〃グループになって、話し合ってください。〃などと、話し合いを入れ、発表させてもよい。
・そして、いったい大造じいさんには、このハヤブサと戦う残雪の姿、行動が、どうして清潔で純粋で美しく見えたのでしょうか、思えたのでしょうか。＊ここも、難しいので、〃グループになって、話し合ってください。〃などと、話し合いを入れ、発表させてもよい。
・さあ、このように自分の力や体を人のためにささげることを何というのですか。（献身）
・自分の生命を他者のために投げ出すことを何というのでしょうか。（自己犠牲）
◎さあ、最後、ハヤブサと残雪、どこにどうしたというのですか。（沼地に落ちていった。）

物語は、線条的に姿・意味を表します。場面の始めから順に叙述に即して、ことばの意味・文・表現をおさえ、確認し、読んでいく。これが、「読み」の基本的な進め方です。そのことによって児童の「ひとり読み」の内容をさらに的確なものにし、豊かにし、意味を深めていく。優れた作品は、どこを切っても血が出るという。一文字の違いが、意味を変えてしまう。作品を傷つけてしまう。文の芸術である文芸作品は、それほどの厳しさをもっているのです。そして、一つ一つの場面にもテーマがある。本時のテーマに迫る。ものごとの価値・意味、人間の真実を問うていく。文学として、人間について考えるのです。そのことによって児童の読解力の向上が、図られる。自己や他の人への思いや考えも深まっていくのです。

読解力とは、例えば「仲間」という言葉の意味が分かる。例えば「胸元に飛びこむ」などの文の意味が分かる。さらに複合語「飛び散る」を元の「飛ぶ」と比べて、その様子をイメージすることができる。助詞「も」の働きから何と何とがおなじなのか、何が同じものなのかをとらえることができる。「ぱっぱっ」を擬態語として、その様子を思いうかべることができる。情景描写「羽が、白い花弁のように、すんだ空に飛び散りました。」とそこに含まれる比喩表現から、大造じいさんの残雪に対する思い、認識をとらえることができることです。

そして、ここで指導したことが、次の場面、次の物語での子どもたちのひとり読み（書き出し）に生かされる。読解の武器、読解力として機能していく、生きていく。このくり返しの中で子どもたちの読む力、読解力は向上していくのです。そして、読解で培ったその力をさらに作文力、表現力へと転化させていく。例えば、擬態語、比喩、情景描写などを作文の中に生かし使えるようにしていくのです。

ここで私が西郷文芸学などから学び、授業で取り上げてきた「ものの見方・考え方」や「言葉・表現」などの内容を一覧にして示します。

＜物の見方・考え方＞
順序、対比、類比（反復）、理由、類別（分析）、条件、仮定、構造、関係、選択、関連など
＜言葉・表現＞
表記（ひらがな、カタカナ、漢字）、一語の意味、助詞、接続詞、指示語、擬音語、擬態語、色彩語、複合語　文末（常体、敬体、過去形、現在形、推量など）、体言止め、地の文と会話文、四つの表現方法（叙事、会話、説明、描写）　擬人法、倒置法、比喩、情景、呼称の変化、字配り、段落　題名の意味、書き出しの工夫、首尾照応、仕組・仕掛　視点、象徴、典型　など

以上、示した中で、例えば「順序」は、一年生のお話「大きなかぶ」でおじいさんが種をまいた時の言葉です。『あまいあまいかぶになれ。大きな大きなかぶになれ』です。どうして「あまい」が先で、「大きな」が後なのでしょうか。あまいはかぶの質です。大きいは量です。どんなに大きなかぶができても、苦くてまずいかぶでは、価値は低いのです。あまいが先なのです。順序に目をつけ、順序を問うことによって、物の価値を考えるのです。

例えば、接続詞「が」です。やはり大造じいさんとガンの一節です。『大造じいさんは、ぐっとじゅうをかたに当て、残雪をねらいました。が、なんと思ったか、再びじゅうをおろしてしまいました。』

ここで私は問います。・「が」は、言葉の種類は何ですか、・「が」の前と後、どのような関係になるのですか（逆接）・さあ、この「が」の前と後、大造じいさんのしたこと、行動、どう違うのですか、どう反対なのですか、・この「が」の前と後、大造じいさんの気持ちも、どう違うのですか、と。

そして、その答えが先ほどの比喩を含んだ情景描写『羽が、白い花のように、すんだ空に飛び散りました。』なのです。大造じいさんの変化した気持ちが、ここに表れているのです。

さらに例えば、「典型」です。二年生の物語「スーホの白い馬」のスーホは、典型的な人物です。典型的人物とは、ある時代、ある集団の本質的価値を体現した人物です。

スーホは、白馬を銀貨三枚と取りかえることを拒みました。スーホは、殿様に白馬を射殺されたくやしさでいくばんも眠れませんでした。しかし、夢で白馬が教えてくれたように、いつまでも白馬と一緒にいられるように、白馬のほねや皮や毛で楽器―馬頭琴を組み立てていきました。

この『スーホが作りだした馬頭琴は、広いモンゴルの草原じゅうに広まりました。』

「作りだした」～つまり、このモンゴルではじめて馬頭琴を作ったのが、スーホなのです。

その馬頭琴がどうしてモンゴルの草原じゅうにひろまったのか。馬頭琴、それはスーホと白馬、牧畜民族における人間と馬との関係、愛の結びつきを表します。

本質は、普遍する。スーホが作りだした馬頭琴は、モンゴルの草原で暮らす羊飼いたちに広まっていったのです。草原に生きる羊飼いたちは、その背中に乗って、日々、年々、共に羊を追った馬がなくなるとその骨や皮や毛で馬頭琴を作ったのです。その馬がなくなっても忘れることなく、いつまでも一緒にいるのです。

しかし、今、このような指導は、ほとんど行われていない。言葉の意味を問わない。比喩や描写などの表現のありようを問わない。音読重視、劇化や紙芝居作りなどの活動主義。読解力低下の原因は、ここにあるのです。「てにおは」をおさえた指導、「詳細な読解」を放棄したのですから、子どもたちに読解力がつくはずはないのです。

以上のように国語力、読解力の向上には、教師の教材分析、教材研究が欠かせない。しかし、教師たちの実態は、違う。子どもたちが帰った後、職員室に戻り、公務分掌、学級事務、行事の準備、評価などをする教師。しかし、その中に、教材研究に取り組む教師はいない。授業参観や研究授業の前には一生懸命になるが、日々、明日の子どもたちの成長・発達のために、国語や算数の教材を検討し、授業案を考える教師なほとんどいない。〝教材研究をする時間がない。〟は、言い訳だ。教師がまず何よりも先にやるべきことは、明日の授業の準備なのです。ここにも子どもたちの学力が低調であることの原因があるのです。教師は、「聖職」です。子どもたちの発達に献身する。発達は、授業で遂げていく。それ以外のことは、考えてはいけないのです。

毎日、明日の一時間一時間の授業の準備をていねいに行う。クラスの子どもたちのことを思いうかべ、何を取り上げて指導するのか。どんな作業がその時間のねらいに適切なのか。どう仕組んだら、どう発問したら子どもたちの心に響くのだろうかと考える。それにそって一時間毎の細案を書く。苦しみながらの教材研究を通して、その授業案・細案の中に子どもたちへの指導内容・成長の糧、子どもたちへの贈り物・宝物、教師の思いをいっぱいにつめこむのです。それが、教師の子どもたちに対する優しさ、誠実さです。教材研究をするか否か、それは、教師の子どもたちへの優しさの証明です。教師として生きる真実にかかわるのです。

《本時の感想を書く》

文章に即して内容を確認し読み深めた後、授業の終わりにまとめとして、各時間に学習した内容・感想などを自由にノートに文章としてまとめ、発表します。まず「大造じいさんとガン」一章冒頭部分での子どもたちの感想です。

☆残雪は、仲間のガンがおいしそうにエサを食べている時でも、仲間のガンを守らなきゃと思っているからプレッシャーがかかっているんじゃないかと思いました。（S）

☆残雪は、ガンのリーダー的存在で毎年来るから、狩人たちの中では、だれでも知っているんだと思う。野生の鳥に名前を付けるなんて、ちょっと変わっていると思った。残雪は、なぜ沼地をえらんだのかと思う。池でもいいと思った。（H）

☆残雪は、名前をつけられるから、狩人たちにとって特別な存在なんだと思いました。一カ所ずつの真っ白なまじり毛というのは、あんまりめずらしそうじゃないなと思ったけど、群れの中では残雪だけだから、めずらしいんだと思いました。（T）

☆狩人たちは、その一羽のガンの羽のもようが地面に残った雪のようだったから、残雪とつけたんだと思います。いかにもみんなを引っぱれそうな強くひきしまった名前だと思いました。でも、何でこのガンたちが、大造じいさんと関係あるのかふしぎです。（O）

☆残雪は、仲間のために気を配り休むひまもないのかと思うと、変なことをしている人間よりずっと人間らしい。とそこで残雪が「やつ」と呼ばれていた意味が分かりました。油断しないで仲間を守るなんて自分はできないけど、人間でこういう人がいたら、どんなにたよりがいのある人だろうと思いました。（M）

☆残雪は、仲間のガンからするといなきゃならないし、守ってくれる存在で、なんかリーダーや頭領というより仲間の安全を第一に考えるけいびいんみたいな気がした。残雪がもしいなくなってしまったら、仲間たちは守る人がいなくなって、狩られてしまうんじゃないかなあと思った。逆に人間たちから見ると、じゃまで、あまりいい存在ではないと思われていると思った。でも残雪は、仲間をずっと守っていくんじゃないかなあと思った。（M）

さらに先ほど考察した残雪とハヤブサとの戦いの場面での感想です。

☆残雪は、せっかく天敵のハヤブサから逃げ切れたのに、その場に戻ってきたのかと最初は思ったけど、それは残雪にとって、仲間がかけがえのないたからものだからだとすぐ分かりました。自分が犠牲になってでも仲間を守るという決心は、すごいなと思いました。（S）

☆ここではなぜか残雪が、マザー・テレサのように見えてきました。自分をぎせいにして貧しい人を助ける。自分をぎせいにして仲間を助ける。二人とも自分をぎせいにしてまで、仲間や貧しい人を助けているので、何か似ている感じがしました。（O）

☆残雪の羽が、美しい白い花びらにたとえられるなんて、残雪の心がより美しく、残雪の行動がすごく仲間思いということだと思いました。人間の世の中では、自己犠牲はあまりいない。けれど自己優先、自己中心が、自己犠牲を大きく上回っている。それに対して、鳥（ガン）の世界では、仲間思いが多いなんてすごいと思った。（K）

☆私は、ハヤブサとともに沼地に落ちていった残雪が心配です。自分をぎせいにしてまでも、仲間を救う心のきれいな残雪は、すてきです。ことばでは表せられない何かが、残雪にはひそんでいるような気がします。この物語には、深い意味があるので深く考えられると思います。上下に敵がいても、何があろうと仲間を守りぬく残雪は、すごいです。友だち、仲間の大切さをあらためて知ることができました。（H）

☆この残雪の行動を見たら「自己中心は、ぜったいいけない」という言葉が、今までよりずっとずっと大切に思いました。人のため、仲間のためにつくす。そうそうできることではないけど、こうしてこの話の中で、一羽のガンはそれを実行しているので、私もそうできたらいいと思いました。この話で大切なことをおそわりました。その自己犠牲の気持ちを知っていれば、きっと争いもなくなるのにと思います。こういう物語を読めば、きっとその大切な気持ちに気づくことができると思います。こういう行動をする人が、今の世の中とても必要だなと思いました。（M）

この終わりの感想を書くのは、各時間で学んだ内容、ふくらんだイメージ、深めた意味、考えたことなどを書きとめておく。書いて定着させる、流してしまわないということです。書いて、本時で感じたこと、考えたことを明確にする、書くことで深めるのです。文学体験、作品との対決、その結果として、その内容を文章にまとめるのです。

はじめは、30字以上位でよいと思います。まずはだれでもが書ける字数を設定します。そして、しだいに50字以上、70字以上などと、その指示する字数を増やしていきます。書く字数を明示することによって、子どもたちは意欲を持って取り組んでいきます。

やはり先に紹介した二年生「スーホの白い馬」で、白馬が殿様の所から逃げ去る場面での終わりの感想です。

☆とのさまは、白馬を自分からとり上げたのに、弓でいころしてしまえなんてことを言って、自分かってだと思いました。白馬が弓でさされたことをスーホがしったら、どんなにかなしむか、とのさまは、何とも思っていないんだと思いました。とのさまは、白馬に弓でいころしてしまえと言ったから、とのさまは、人のいのちを大切にしていないと思いました。（Ｓ）

☆白馬は、スーホに会いたくて、会いたくて、たまらなくなったから、いきなりにげたのだと思いました。とのさまは、あんまりだと思います。自分の馬にしようとしているのに、弓矢でさしてしまうなんて、かわいそうだと思います。スーホは、きっとまっていると思います。（Ｕ）

☆今、スーホと白馬の気もちは、同じだと思いました。その同じ気もちというのは、今、「会いたい」と思っていると思います。ほんとうに会えるといいと思いました。（Ｋ）

☆とのさまは、おきゃくをよぶなんていったって、今までうそをついているから、とのさまは自分かってで、うそつきだとおもいました。とのさま、わるいとのさまです。スーホとのさまは、ぜんぜんちがうせいかくだから、こう言いたいです。スーホ、いつか白馬はかえってくるよ。白馬は、ぜったいしんではいけない。あのやさしい思いやりのあるスーホのところまでいけば平気だよ。がんばってスーホのところまでいこう。（Ｉ）

☆白馬は、スーホのところへ走りつづけているのだと思います。とのさまは、人のことなどなにも考えていないと思います。それは、もし白馬がしんでしまったら、スーホやおばあさんたちがかなしむのに、へいきでけらいにめいれいするからです。とのさまはとのさまだから、スーホや白馬みたいな思いをしなくていいけど、とのさまがスーホみたいなじょうきょうになったら、とのさまがいやだしかなしむのだから、じぶんがいやなことは人にもやってはいけないと思いました。（Ｍ）

☆白馬をあれだけほしがっていたのに、とのさまはころしたのかと思いました。とのさまは、まえよりわるくなったと思いました。白馬は、スーホがいったことをわすれてはいなかったと思いました。そのいったことは、「これから先どんなときでもぼくはおまえといっしょだよ。」のことです。白馬は、矢でいころされてかわいそうだと思います。このまま白馬は、どうなるのかと思いました。白馬のすがたが、とてもかわいそうだと思います。（Ｏ）

さらに「一つの花」でお父さんとゆみ子が別れる場面での子どもたちの感想です。

☆ゆみ子が泣いているままわかれるのではなく、お父さんからもらったコスモスの花で、かぞくはたのしくおわかれすることができたと思います。こんなふうにおわかれできたのも、ぜんぶコスモスの花のおかげだと思います。お父さんがもってきたコスモスの花には、お父さんからゆみ子へのねがいなどがたくさんある花だと思います。コスモスの花のおかげで、おとうさんのあまりにもつらかった心も、今、わかれるときにはゆみ子の喜びをみて、うれしかった

だろうと思います。ゆみ子の小さなむねの中は、喜びがふくらんでいると思いました。（S）

☆お父さんは、とうとう汽車に乗っていってしまったから、お母さんは、とても悲しかっただろうと思います。でも、お父さんもお母さんも、ゆみ子が花をもらって喜んだから、とても安心したと思います。お父さんは、ゆみ子とのさいごのわかれで、自分もにっこりわらって、ゆみ子も喜んだから、悲しいわかれをしなくてよかったと思いました。

☆おとうさんはコスモスをゆみ子にあげて、なにもいわずに汽車にのっていってしまったのは、コスモスをあげて、ゆみ子にもやさしい気もちがあったからだと思います。ごみすて場のような所にさいていても、がんばってコスモスはさいているんだから、おとうさんはゆみ子にもがんばってほしいから、ゆみこに花をあげたと思います。あと、おとうさんがいってしまってからも、ゆみ子はあのコスモスのようにがんばってそだってほしいです。（U）

☆ゆみ子は一輪のコスモスをもらい、とても喜んでいるということは、ゆみ子にもすきとおったきれいな心があるからだと思います。おとうさんがわかれのときにコスモスをあげたのは、花のようにすきとおった心で少しでもいろんな人に喜びをあたえられる子になってほしいからだと思います。ゆみ子のおとうさんは、せんそうにいってしまうけど、ゆみ子にたくさんのおとうさんの気もちが入っている花をいつまでもたいせつにしてほしいです。（A）

☆おとうさんは、ぶじせんそうから帰ってくることができるのかとても心配です。残されてしまった二人は、どんな生活をするのか心配です。いつも食べ物ばかりほしがっていたゆみ子が、ゴミばこにしょんぼりさいていたコスモスで喜んでくれたことが、とてもお父さんはうれしかっただろうな。ゆみ子は、お父さんとの思い出ができてよかったなと思います。（M）

☆今日は、食べ物をほしがっていたゆみ子が、コスモスをお父さんからもらって始めて食べ物いがいのことでよろこびました。ぼくは、ゆみ子はいままでいつでも、食べ物のことばかりかんがえていて、かわいそうだと思っていたけど、ゆみ子にやさしい心があったのでほっとしました。これからゆみ子がどんな子になるのかという心配は、やさしい心があったのでなくなったけど、お父さんがいなくなったゆみ子たちは、だいじょうぶなのかと思います。（S）

では、【一時間毎の学習過程】のまとめとして、具体的に一時間の授業の流れを紹介します。「大造じいさんとガン」3章の終わり、沼地に落ちていった残雪の所に大造じいさんが、駆けつけた場面です。

大造じいさんはかけつけました。
二羽の鳥は、なおも地上ではげしく戦っていました。
が、ハヤブサは、人間のすがたをみとめると、急に戦いをやめて、よろめきながら飛び去っていきました。

残雪は、むねの辺りをくれないにそめて、ぐったりとしていました。しかし、第二のおそろしい敵が近づいたのを感じると、残りの力をふりしぼって、ぐっと長い首を持ち上げました。そして、じいさんを正面からにらみつけました。

それは、鳥とはいえ、いかにも頭領らしい、堂々たる態度のようでありました。

大造じいさんが、手をのばしても、残雪は、もうじたばたさわぎませんでした。それは、最期の時を感じて、せめて頭領としてのいげんをきず付けまいと努力しているようでもありました。

大造じいさんは、強く心を打たれて、ただの鳥に対しているような気がしませんでした。

【前時の読み】◎はじめます。昨日勉強した所をだれか読んでください。

・きのう、終わりに書いた感想をだれか読んでください。

【本時の音読】◎では、今日は、P～L～からP～L～まで勉強します。まず、各自、読んでください。

・だれか、読んでください。

・みんなで読みましょう。

【書き出し】◎では、今日の所で思ったこと、考えたことなどをノートに箇条書きで二つ以上書いてください。

【話し合い】（書き出しのノートをもとに話し合う。感想や意見の交流でよい。）

◎では、どんな感想が書けたか、どんな考えがもてたか、発表してください。

☆残雪は、むなもとにケガを負っているというのに、ハヤブサと地上に落ちてもはげしく戦うなんて仲間思いの残雪だからできることだと思いました。（O）

☆残雪は、天敵とのはげしい戦いを終えると、ぐったりとしていた。そして、第二の敵、大造じいさんが近づいたのを感じると、じいさんを正面からにらみつけた。もうあぶない。残りの命の長さが少ないというのに、敵を感じて、もうこれいじょう近づくなと強くうったえた。私も、大造じいさんと同じような気持ちになり、さすが頭領と思った。

☆二ひきとも地上に落ちてよろめいて、ぐったりとしていた。それほど今の戦いが、はげしかったんだと思いました。でも、大造じいさんがかけつけると、残雪はむりをして立ち上がってけいかいしました。仲間を守る必死さが、すごく伝わってきました。この戦いで残雪は死んでしまうのか心配です。ハヤブサとなぐりあいをして、すごく体がきずついている感じがしました。（T）

☆いかにも頭領らしい堂々たる態度でありました。残雪は、もう死ぬと思ったからそうしたと思うけど、やっぱり自己

ぎせいの気持ちも忘れないのはすごいと思った。むねをくれないにそめても、まだ最後の力をふりしぼったので、じいさんは心を打たれました。いかにも人間らしい行動をとった残雪は、もうガンには見えないほどかがやいていると思いました。心や行動が美しいとこんなにもかがやいて見えるのは、世の中で限りの少ない仲間や人々につくす気持ちがすごく大切で、その大切な気持ちをもって実行しているからだと思いました。（M）

☆大造じいさんと残雪は、人間と鳥ではなく、じいさんの心の中では、人間と向き合っているような気持ちで、ガンの残雪が、一番頭領らしく見えた所だと思いました。最期の時を感じても努力しつづける残雪に感動しました。（K）

【本時の内容の確認・読み深め】

［よろめきながら飛び去っていくハヤブサをとらえる］

◎さあ、昨日の最後、ハヤブサと残雪、どこにどうしたのですか。

・そこで、大造じいさん、どうしたのですか。
・大造じいさん、どこにかけつけたのですか。
・さあ、そこで二羽の鳥、なおも、どうしていたというのですか。
・二羽の鳥とは、だれとだれですか。
・さあ、しかし、ハヤブサはだれを認めるとどうしたというのですか。
・よろめくって、どうすることですか。
・ハヤブサ、どうしてよろめきながら飛び去っていったのですか。

［胸の辺りをくれないにそめ、ぐったりとした残雪の姿をとらえる］

◎さあ、一方、残雪はどんな様子なのですか。

・くれないとは、どういう色ですか。「くれない」って、漢字で書ける人？
・そして、「むねの辺りをくれないにそめて」、これ、残雪の胸の辺りが、どうなっているということですか。
・残雪、どうして胸の辺りが、真っ赤なのですか。
・そして、「紅い」、ただ「真っ赤」とどう違う。
・そして、さらに「ぐったり」とは、どういうことですか。
・どうして残雪、ぐったりとしているのですか。
・さあ、まとめてハヤブサは、飛び去っていったのに、どうして残雪は飛んでいかないのですか。
・そして、残雪、どうしてこうなってしまったのですか。
・だれをどうしようとした結果、こうなってしまったのですか。

［第二の敵、大造じいさんを正面からにらめつける残雪の様子をとらえる］

◎さあ、その残雪に、さらに何が近づいてきたのですか。

・第二のおそろしい敵とは、だれのことですか。
・さあ、それに対して、残雪、どうしたというのですか。

・そして、さらにだれをどうしたのですか。
・にらみつけるとは、どうすることですか。
・正面からにらみつけるとは、どうすることですか。
［最期の時にも頭領らしい堂々とした態度の残雪に強く心を打たれた大造じいさんのその気持ちをとらえる］
◎さあ、そんな残雪が、大造じいさんにはどう見えたというのですか。
・頭領らしい堂々たる態度とは、どんな様子ですか。
◎さあ、そんな残雪に、大造じいさん、何をどうしたのですか。
・大造じいさん、だれをどうするために手をのばしたのですか。
・でも残雪は、どうだったというのですか。
・さらにそれは、どのようでもあったというのですか。
・さあ、じたばたさわぐとは、どういうことですか。
・「最期」、「最後」とどう違う。
・そして、頭領としての威厳とは、何ですか。
◎さあ最後、大造じいさん、そんな残雪を見て、どう思ったというのですか。
・「ただの鳥に対しているような気がしませんでした。」、さあ、これ1章のはじめの方では、どう思っていたのですか。
（たかが鳥のことだ。）
・さあ、「ただの鳥に対しているような気がしませんでした。」「たかが鳥のことだ。」比べて、違いを言ってくださ い。
◎さあ、大造じいさん、今、この残雪を見て、どうして「ただの鳥に対しているような気がしない」のでしょうか。さらに言うと大造じいさん、今、どんな気持ちなのですか。残雪のことをどう思っているのですか。
では、このことについて、グループになって話し合ってください。
・発表
＊ポイントになる所では立ち止まって、グループの話し合いを入れます。発問の連続では、疲れてしまい、子どもも教師も一息入れる意味もあります。4人グループがよいです。
［仲間を救った残雪の行動とその結果についてまとめる］
◎さあ、まとめて、残雪、おとりのガンを、仲間のガンを救うことはできたのですか。
・しかし、残雪、最後、結局、自分はどうなってしまったのですか。（深く傷つき、大造じいさんに捕まってしまった。）
・さあ、このように自分の体が傷ついても、自分は捕まってしまっても、他の人を救い、他の者に尽くすことを何というのですか。（自己犠牲）
◎さあ、大造じいさんと残雪との三回目の戦いの結果は、どうなったのですか。
・そして、大造じいさん、この残雪をどうするんでしょうか。どうすると思いますか。
◎では、今日の所で思ったこと、考えたことなどをノートに

80字以上で書いてください。

・発表

☆動物は、人間より頭はよくないけど、心は人間より優しいんじゃないかなと思いました。それにガンの残雪よりハヤブサの方が強いのに、仲間を助けに戻ってきて、胸の辺りがくれないに染まるまで戦った残雪は、すごい鳥だなと思いました。（T）

☆残雪は、自分の心を大切にしていて、せい実だから、仲間を守り、頭領として、最期まで、自分を自ら犠牲にし、役目をつくせたんじゃないか。死の直前まで敵をにらみつけ、頭領としてのいげんをきずつけまいと、力つきるまで努力しつづけられたんじゃないかと思いました。（N）

☆残雪は、一生の終わりを感じ、頭領としてのいげんをきずつけまいと努力しているようでもあった。残雪は、大造じいさんから見て、最初はいまいましいそんざいであった。しかし、今は、いまいましいからすばらしいとまで言わせた。私たち人間は、このようなことはできないけれど、人を思いやったりしてあげることは可能だと思います。このまま死なずに、また頭領としての役目を復活してもらいたいです。（O）

☆ぼくは、残雪がかわいそうだと思いました。でも、残雪にとってはまちがっていないことだったんだと思います。残雪は、こんなことになるのをしょうちのうえで、ハヤブサに立ち向かっていったのだと思います。すごくりっぱなガンだと思いました。（H）

☆最初は残雪のことをいまいましく思っていた大造じいさんでも、今はきっと頭領として、いさぎよく死ぬまぎわもしずかにしているので、感心していると思います。でも、なぜこんなにも気持ちがかわって、残雪がただの鳥に見えなくなったのか。それは、心や行動が美しく、自己ぎせいの気持ちを大切にしている姿を見たからだと思います。人々や仲間のためにつくす。この世の中で、それを気持ちだけでおわらす人や最悪そんな事思ったことないという人がすごくふえている中で、こうして残雪はそれを実行しているから、それが大造じいさんには、とってもかがやいて見えたんじゃないかなあと思いました。人々につくす事を気持ちだけで終わらせず、実行にまでうつす人が増えたら、争い事がなくなるのにと思いました。こういう物語を読むと大切なことがよく分かりました。（E）

☆ガンは、ハヤブサより弱いけど、残雪は、ある意味、強いと思います。人間を感心させたり、何か思わせたりする鳥は、残雪しかいないと思いました。今の世の中は、自分をすててまでも何かをやりとげたりする人は、いないと思います。仲間を助ける。仲間を守る。命がけ、大変な時、仲間、人のことを思う世の中ではないので、この物語は今の世の中にひつようだと思います。頭領としてのいげんをきずつけまいと努力している姿をこの目で見てみたいと思いました。（S）

◇全文を読んで感想文を書く

文芸研では、場面毎の読み（たしかめ読み）が終わった後、『まとめ読み』を行います。

○〈まとめ読み〉の段階では、作品全体を見渡して、視点、構成、筋、場面を客観的な構造として、つかむということになります。（文）

○作品全体を構造的に客観化したときに〈たしかめ読み〉（＊場面毎の読み）では、つかめなかったある場面のある形象が、特別に深い意味を持っていることに気づかされるでしょう。ある〈もの〉の形象を〈はじめ〉〈おわり〉とで対比させてみたときに、そこに新しい意味が生まれてくるということは、文芸形象というものの独自な性質の一つです。（文）

○主題は、作品全体にわたってとらえられるべきものなのです。作品全体を構造的にとらえられたときに、主題はとらえられるのです。（文）

つまり、作品の構成をとらえ、その構成・組み立てから物語の意味を深め、主題、さらに文芸研でいう「認識内容」に迫るのです。文芸研では、ここで「認識の方法」を駆使します。それは、〈対比〉や〈反復〉〈条件〉〈仮定〉〈関連〉などです。そして、それは基本的な「ものの見方・考え方」の学習でもあるのです。作品を分析し、構成・組み立てを明らかにし、その構成の持つ意味をとらえることは、特に高学年では重要な課題だと考えます。

例えば、四年生の物語「一つの花」です。

この作品は、戦中・戦後が一行空きとなり、前後が対比の形で構成されています。「一つだけ、ちょうだい。」をくり返すゆみ子と「お母さん、お肉とお魚とどっちがいいの。」とスキップしながら買い物に出かけるゆみ子。「忘れられたようにさいていたコスモスの花」と「コスモスの花でいっぱいに包まれています。」対比は、後の部分を強調します。

「ゆみ子は、お父さんの顔を覚えていません。自分にお父さんがあったことも、あるいは知らないのかもしれません。」

この作品は、幼い子どもとその家族から、父親・夫を奪い取るという戦争の悲惨さを描きながらも、ゆみ子やそのお母さんに見られるように、〝戦争の中をも、人間は生き抜く。〟〝戦争に負けない。〟その姿をたくましく表現しているのです。「一つだけのお花、大事にするんだよう。」というお父さんの願いは、ゆみ子に伝えられ、戦争の中を貫き、満開のコスモスとなって、実現したのです。

さらに五年生の物語「大造じいさんとガン」です。

この作品は、一章から三章が、反復の関係になっています。反復は、くり返しです。ここでは、仲間を守る残雪の知恵が、くり返し語られることによって強調されるのです。変化・発展する反復です。その残雪の知恵と行動が、変化しながらくり広げられます。そして、三章の後半で大きな発展を見せます。ここでは、決定的な深化です。

ハヤブサの急襲を受けた残雪は、冷静かつ的確な判断でガンの群れを導き、飛び去っていきます。しかし、一羽、おとりのガンが、逃げ遅れてしまいます。絶体絶命のピンチです。ここで残雪の頭領としての真価が、問われるのです。しかし、残雪はすばやく舞い戻り、一羽のガンを救うために、全身で、全力で戦うのです。そして、自らは深く傷つき、大造じいさんに囚われてしまうのです。胸を紅いに染めた残雪。残雪は、ここで英雄となったのです。一・二・三章とくり返されていることは、何なのか。しかし、この場面での残雪の行動が、これまでと決定的に違うことは、何なのか。ものの見方〈反復〉と〈対比〉でテーマに迫るのです。

もう一つ、六年生の物語「やまなし」（宮沢賢治作）です。

この作品は、「五月」と「十二月」の二つの世界で構成されています。食う・食われるの五月。クランボンが魚に食べられ、その魚も一瞬にしてカワセミに殺される。弱肉強食の世界。「何か悪いことをしているんだよ。取ってるんだよ。」殺生＝悪ということです。十二月、泡の大きさを競い合う子がにの兄弟。そこに「トブン。」と落ちてきて、横になって木の枝に止まる〝やまなし〟。「いいにおいだろう。」「おいしそうだね。」相食む（あいはむ）ことのない世界。〝やまなし〟に象徴された自らを他者に布施する（与える、提供する）その姿、あり様（よう）。

やはり、この二つの世界は、対比の関係です。くり返し、対比は後の部分を強調します。子どもたちに前後の違い、「十二月」の「五月」との相違を考えさせます。そして、この対比を通して、賢治の伝えようとした理想の世界、あり方を考えさせていくのです。五月「あわといっしょに、白いかばの花びらが、天じょうをたくさんすべってきました。」あわは、無常を表します。はかなさです。白い花は、弔いの花です。十二月「波は、いよいよ青白いほのおをゆらゆらと上げました。それはまた、金剛石の粉をはいているようでした。」金剛石とは、ダイヤモンドのことです。宮沢賢治は、この十二月の世界を、〝やまなし〟の布施、利他の生き方を最高に美しく燃え上がらせるのです。賢治の願い・祈りです。

この『まとめ読み』に何度も挑戦しました。しかし、結論としては、私の場合、場面毎の読みが終わった後、全文通読して、感想文を書かせます。それは、基本的にどの物語も最後の場面を読み終わった時には、その作品のテーマが現れてくる、子どもたちは、つかんでしまうからです。終わりの方になってくると、優れた作品ならば、テーマに迫ることのできる表現や内容が、どの物語にも出てくるのです。

例えば、「大造じいさんとガン」で言えば、「羽が、白い花弁のように」「残雪は、むねの辺りをくれないにそめて」「おうい、ガンの英雄よ。」などです。これらの表現・内容を手がかりとして、残雪の自己犠牲の戦いの美しさ、その気高さ、

「英雄とは、何なのか。」など、主題・テーマに迫る読みをしていけるのです。物語の読みも後半になると、子どもたちも自然とその構成にそって、前の事象や表現と対比したり、そのくり返しを頭や心に刻みながら読んでいるのです。ただ文芸研方式における『まとめ読み』～作品の構成をとらえ、作品のテーマ・意味をさらに深めていくというこの方法は、文芸作品のあり方からでてきたものであり、さらに「認識の方法」（ものの見方・考え方）を学ぶという点からも重要であると考えます。

では、「大造じいさんとガン」の感想文を紹介します。

「大造じいさんとガン」を読んで　Nさん

私は、大造じいさんとガンを読んで、友情や仲間の大切さを知りました。ライバル関係が、友情や英雄などの気持ちに変わることができるんだなあと思いました。残雪は、どんなことがあっても仲間を守っている姿は、大造じいさんや他の狩人を感動・感激させたんだと思います。

今、社会は自己中心の人が多いと思います。自分さえよければ、それでいいと思う人が増えています。残雪みたいな人が、私達が大人になってゆくにつれて多くなれば、今の大人・先生も安心できると思います。

私は、このお話を読んで、私達から世界を変えていくべきだと思いました。そして、このお話には、そんな深い意味があったのかと、読み終わって実感しました。このお話の続きがあれば読みたいです。

大造じいさんとガンから学んだこと　Hさん

私は、一番最初に読み終わってから、大造じいさんと残雪のライバルどうしの友情に感動しました。とてもはげしい戦いの中で友情が生まれるなんて、びっくりしました。もう一つびっくりしたことがあります。それは、あの頑固で負けず嫌いの大造じいさんを最後に感動させたからです。逆のパターンなら、そんなにビックリしないけれど、鳥が人間を感動させる物語は初めてです。それは、自己犠牲の美しさを自ら実行したからです。人のために一生懸命がんばり、つくし、心の美しい人にしかできないことをやり遂げるなんて、素晴らしい鳥だなあと思いました。また、こういう物語を勉強したいです。

残雪から学んだこと　Tくん

ぼくは、残雪と大造じいさんの戦いから学んだことがあります。それは、「仲間を大切にする」ということです。残雪は、どんな時でも仲間を最後まで守りぬいた。そのおかげで仲間のどのガンも命を落とすことはなかったし、その残雪の「美しい心」に大造じいさんは、強く心を打たれました。

野生の厳しい生活の中で、自分のことは考えずに仲間のことだけを考える。ぼくは、この行動に感動しました。大造じいさんも、残雪にぼくと同じ思いを抱き、残雪に負けない心

を持った狩人になろうと決心したのです。

今は、自分のことだけを考え、他人のことは何も気にしない。そんな世の中だけど、他人のことも考えることができる心を持つことができれば、いつかこの世にも「平和」がおとずれる。ぼくは、そう残雪に教わったような気がしました。

さらに二年生の物語「スーホの白い馬」の感想文です。

スーホの白い馬　Uさん

わたしは、おおつかゆうぞうさんが書いた、スーホと白い馬というお話を読みました。さいしょは、スーホと白馬は、ずっといっしょだったけど、けい馬に出て一とうになったのに、とのさまが、やくそくを知らんぷりして、とのさまの家来たちが、スーホをなぐったり、けっとばしたりして、白馬まで弓でいころしてしまったりして、ぜんぶ、とのさまが、めいれいしてやったことで、さいごは白馬がしんでしまったけど、馬頭琴になって、スーホとずっといっしょにいられるお話です。

スーホと白馬は、どんなときでも、はなれたりしないのは、スーホは、出かけるときも、馬頭琴をもっていくからです。スーホと白馬は、はなれたくてもはなれないと思います。それには、こんなかなしみやくやしさが、いっぱいつまっているからです。スーホと白馬は、ふかいきずなで、むすばれていると思います。心をゆりうごかすのは、白馬だからだと思います。一日の体のつかれをわすれさせてくれるし、あたたまる音を出すと思います。白馬は、しんでしまったけど、スーホの心に生きていると思います。それは、白馬は楽器になって、生きているから、スーホの心でも生きていると思います。ほかのひつじかいたちも、大切な馬をなくしたら、とてもかなしむだろうと思います。白馬みたいに楽きになれば、かいぬしの心に生きていると思います。

はなれていても、心はいつにだって　Kさん

わたしは、おおつかゆうぞうさんのかいた、スーホの白い馬をべん強しました。この話は、ものがたりでせつめいしていました。この話から、べん強したことは、げんざいけいやせつぞくしをべん強しました。ふくごうごなども、べん強しました。

あと、心のやさしさもべん強しました。人がやさしさをあらわせば、心の糸もきちんとなり、えいえんにきられたりはしないと思いました。この話は、心のつながりや心の糸をあらわす話でした。あと、馬頭琴が出きたわけやいみが、わかりました。

昔のモンゴル、馬頭琴のはじまりは、馬が死をこえたなら、わすれないように、馬頭琴をつくるんだと思いました。それにわたしは、白馬からつくられた馬頭琴に、心があると思いました。それは、ゆめでみた白馬の心と、そばにいられますからのことばは、スーホのつくる馬頭琴に白馬の心をいれる

ためだと思いました。それにわたしは、もうひとつ思うことがありました。それは、馬頭琴ぜんたいは、いきていないのに、白馬からつくられた馬頭琴は、心がいきていると思いました。それに白馬からつくられた馬頭琴は、馬頭琴のはじまりだから、ゆうめいながっきだと思いました。この話は、心のべん強や、えいえんにきれそうもない心の糸は心の中の神だと思いました。

ここで、感想文の書かせ方を一つ紹介します。それは、場面毎の読みが終わった後、全文通読し、その物語全体の学習を通して思ったことや考えたことなどを短冊にしたカードに書き出させ、そのカードを並び替えて、順に清書していくという方法です。つまり、それまでは、場面毎に書き出しをしていましたが、ここでは、全文を読んでカードに書き出しをするということです。

その手順です。①まず、子どもたちに短冊にしたカードを5枚程、配ります。②次に感想文の視点を提示します。③全文通読をします。④短冊に物語を読んで思ったことや考えたことなどを自由に一つずつ書き出させます。その際、カードが足りなくなった子がいたら、さらに持って行かせます。⑤そして、感想などを書き出したカードを書く順番に並び替え、番号を付けます。ここで、書き足りないことに気づく子がいます。そのような子には、さらにカードを渡して、書いてもらいます。⑥カードの番号の順に原稿用紙やノートに清書します。

感想文を書く視点としては、例えば物語「一つの花」では、○登場人物、ゆみ子やお父さん、お母さんについて思ったこと、考えたこと　○戦争中や戦争が終わった後のこと、それらを比べて思ったこと、考えたこと　○この物語から戦争について思ったこと、考えたこと　○題名「一つの花」について、わかったこと、思ったこと　○この物語の書き方で勉強したこと　○物語全体を通して、思ったこと、考えたことなどを掲げます。しかし、感想の書き出しは、何について書いても構わないこととします。子どもたちをしばることはしません。この視点は、あくまで参考です。

そして、この書き出したカードをどのような順番に並べて書くかを考え決めることが、感想文の構成を考えることになります。この「構成を考える」は、4年生の課題でもあります。この方法でやれば、子どもたちによくある物語のあらすじを書いてしまうということは、なくなります。（尚、このカードに書いて、順番を決めて、清書するという方法は、作文でも使えます。）

四年生の物語「一つの花」では、このような方法で書かせました。その感想文を紹介します。

ゆみこのやさしさと、かぞくのあいじょう　　Sさん

物語に出てくる小さいころのゆみ子は、ずっと「一つだけちょうだい。」と、いいつづけていたけど、今のゆみ子は、

昔とちがって、お昼ごはんも作れるようになって、よっぽど成長したことが、よくわかり、かんしんしました。ゆみ子の小さいころは、いつもおなかをすかしていて、「一つだけちょうだい。」といいつづけていて、食べ物のことしか考えていなかったけど、今では、心がやさしくなり、コスモスの花のように美しく育ったのは、ぜんぶここまで育て上げたお母さんの力とお父さんの力をあわさったからだと思います。2才ぐらいのときは、わがままなどと思っていたけれど、私は、ゆみ子は、さいしょから、とてもすなおな心や、やさしい心があったと、今、気がつきました。

お父さんからもらった一輪のコスモスの花が、とてもたくさんのコスモスの花になったのは、ゆみ子のやさしい心が、育てたと思います。それにお父さんとのわかれをたのしくできたのも、ゴミすて場のような所にわすれられたようにさいていた一輪のコスモスの花のおかげだと思います。その時に、ゆみ子は、一輪のコスモスを見て、キャッキャッと足をばたつかせて、よろこんだところを見て、私は、〝ゆみ子にも、きっとやさしい心があるんだな〟と気がつきました。

お父さんとわかれてから十年がすぎて、ゆみ子は、お父さんの顔も覚えてなくて、とてもかわいそうです。ゆみ子は、お父さんをなくして、お母さんとたった二人で生活しているけど、いっぱいになったコスモスの花で包まれていて、とても幸せになってよかったと思います。

この物語は、お父さんがなくなってしまい、とてもかなしくおわる話なのに、どうして語り手は、さいごにゆみ子が、幸せになれたことをかいたのか、不思議です。でも、かなしいできごとがおきても、さいごはかならず幸せになれるということが分かりました。あと、かぞくの一人がいなくなり、ゆみ子とお母さんの二人になってしまったけど、かぞくの愛情は、いつまでもかわっていないと思います。

この物語の書き方のとくちょうは、「〜てしまいました。」で、困ったことやあってはならないことを表していること、この話を大きく分けると戦争中と戦争後の二つに分かれることを対比といい、対比は、ぎゃくのことを表していて、前と後だったら、後の方を表すことを勉強しました。戦争中では、おいもや豆ばかりしかなくて、とてもまずしかったけど、今では、お肉やお魚も食べれるようになって、とても平和になったことが、よく分かりました。

ゆみ子が、大きくなっても、へっちゃらで生きているようだけど、本当は、ゆみ子の心の中に、あのお父さんが生きていると、私はかんじました。

コスモスとゆみ子

Hくん

ぼくは、まず最初に、どんなときでも食べ物のことを考えているゆみ子を見て、ゆみ子は一生こんなことをばかり考えてすごすのか、心配になりました。そして、ゆみ子は、お父さんとの最後の別れになるかもしれない時にまで、食べ物のことばかり考えていたのです。ぼくは、うんざりしてしまいました。その時、ぼくは、こんなやつろくな大人になれやしないと思っていました。

でも、汽車が入ってきた時に、ゆみ子のお父さんが、ゆみ子にコスモスの花をあげた時、ゆみ子はよろこびました。ぼくは、その時、ゆみ子にもやさしい心があるんだ、いや、もとからやさしい心は、いっぱいあったんだ。そのやさしい心をひきだしたのが、おとうさんがゆみ子にあげた一輪のコスモスなんだと思いました。

もしも、ぼくのお父さんが戦争に行ってしまったら、ぼくは泣きたくなるくらい、あるいは泣いているかもしれません。だからゆみ子、またはゆみ子のお母さんは、とても別れるのがつらかったと思います。そんな中でも、ゆみ子がりっぱに成長した理由は、ゆみ子のお母さんががんばって育てたのと、ゆみ子とともに成長したコスモスの花だと思います。そのコスモスの中には、強く美しい心に育ってほしいというお父さんの願いがこめられていて、それがゆみ子に伝わったんだと思います。

ゆみ子は、お父さんの顔を覚えていなくて、お父さんがいたのも知らないなんて、かわいそうでたまりません。でも、今は自分で買い物までするようになって、戦後は、食べ物を選ぶことまでできるようになって、とても幸せだと思います。

ゆみ子たちから家族の一人（お父さん）をうばった戦争は、お父さんの命はうばえたけど、お父さんのゆみ子に対する愛情は、うばえませんでした。ぼくは、ゆみ子がこのまま幸せにいられるのか心配です。

戦争に勝てば土地までとれて、もうけられるし、軍が強くなるからよいという人がいるけど、ぼくは、たとえ勝っても負けても、どっちにしろ人が死んでしまうし、負けた方はとても悲しいだろうから、戦うことでは本当の平和をえることはできないと思います。

「一つの花」という題名の意味は、たった一つの花でも戦争に負けずに生きてゆくことができ、たねを作ってゆくうちに何万という数となる、弱そうにみえても強いコスモスは、ゆみ子の小さいころから大きくなるまで、いっしょに成長していたからだと思います。

ぼくは、なぜ、作者は戦争時代のことを書いたのか、考えてみることにしました。するとこの物語は、戦争中と戦争後が対比されていることが、分かりました。なので、ぼくは、作者は戦争より平和の方がずっといいので、戦争をすることはよくないことだということを教えているのだと思いました。

ぼくは、この物語では、対比、現在形、比喩などの言葉を使うタイミングや、どんなことにもくじけずに負けないで生きることが大切だということを勉強しました。


さらに六年生の物語「やまなし」の感想文です。先ほど書きましたが、この「やまなし」も「五月」と「十二月」が、前後対比の関係で構成されています。そして、そこに作者・宮沢賢治の願い・祈りを読みとっていきます。

やまなしを読んで

Ａさん

やまなしにでてくる五月の幻灯は、現実にちかい、さみしい幻灯だと思います。そして十二月は、私達、人間が夢を見ているようなとてもあまい世界をえがいているような気がします。十二月は、作者の願いでもあるようです。やまなしのようにだれかをあたたかい気持ちで見守り、時には手助けをする、そういうあたたかい人になりたいと思っているのかなと思いました。

その作者の願いでなんとなく十二月の水の中は、とてもあたたかそうに見えました。カニたちが、あたたかい手につつまれている感じもしました。それに五月は、水がにごったような感じがして、とてもいずらい感じがしました。それから五月の世界でいろいろな生き物たちが、死んでしまっていたところで、水の中は何もないかのようになっていて、その中でぽつんと二ひきのカニたちがふかいショックをうけていて、カニたちの姿がさびしく感じて、水の世界がとても広いことを感じました。

それからこの物語は、たくさんの表現の工夫があって、とても興味を持たせる作品だと思いました。五月は、白、黒というふきつな予かんを感じさせる色をよく使っていました。五月の工夫は、どれもが暗い物を表していて、その表現で暗いことが強ちょうされているようです。十二月は、明るさ、美しさ、やさしさが、表現一つ一つに表れているような気がします。

五月と十二月を見て、やまなしは、ほんの一部しか出てこないのに、作者はどうしてやまなしという題をつけたのかとても不思議でした。私は、やまなしが流れていく場面の所で、やまなしは、水の世界を一しゅんだけでも、すてきな世界にしたい、人にやさしくなりたい、そのとてもきれいな気持ちのやまなしを強ちょうするために題を「やまなし」にしたんだと思いました。

「やまなし」その題は、やまなしの気持ちだけでなく、作者の願い・考えが、たくさんつまっていると思いました。作者の願いは、やまなしのように、人をやさしい気もちでつつみこんであげられるようになりたい。そして私たちにも、そのような人間に成長してほしいという願いだと思いました。そしてこの幻灯は、私たちへ、これから生まれる人間たちへの手紙なんだと思いました。

私は、この幻灯で理想と現実のこわさをすごく感じました。五月、それは、人間の世界にもある現実とまったくかわらないこわさだと思いました。十二月、私たちが、やさしくなりたい、平和にくらしたいと願っている、人間が思う理想と同じような気がします。「やまなし」という幻灯は、水の中の世界ではなく、人間の世界を書いていると思いました。全部を通して、作者は、私たちに、やまなしのように力強く、でもきれいな気持ちがもてる人間として生きていくことをうったえていると思いました。

宮沢賢治とは、人があたたかく、ふつうに生きることを願っていると思いました。私がこの幻灯から学んだ事は、人間らしくという言葉です。

「やまなし」を学習して

Oさん

私は、この作品を通して、自然の現象を知ったように思えます。読みはじめたころは、「やまなし」に出てくる川は、きれいで、おだやかな、それだけの所だと思いました。

でも、だんだん読んでいくうちに、それだけではないことに気づきました。

五月と十二月の世界で、私が思ったことは、自然は、強く・おそろしい部分と、やさしく・きれいな部分との、両方が、上手にバランスを保っているからこそ、存在しているんだなということです。もしも、そのどちらかが、強まったり、弱まったりしたら、それは、きっと、こわれてしまうような気がします。

〝弱肉強食〟というのは、自然の世界の中で、欠かすことのできない法則なのかもしれません。そして、それは、物語の中の川にも存在しました。けれど、そんな現実の中に、〝善と悪〟の基準はあるのか、私は疑問に思いました。生きるために、〝えさ〟として、他の生物を食べた魚やかわせみが、悪になるのだったら、それは、成立しないように思えたからです。

生きるために、生命のあるものを食べるのは、しかたのないことなのかもしれません。それでも、食べる事を当然と思うのは、よくないと思います。五月の世界に出てきた魚のように、自然の中では、いつ、食べる立場から、食べられる立場に変わるか、わからないからです。それも、自然の現実の一部分だと思います。クランボンを食べ、支配者ぶっていた魚が食べられた時、私は、〝今は、食べる立場にいる人間だって、いつ、逆の、食べられる立場になっても、おかしくないな〟と思いました。

五月と十二月の世界を比べて思ったことは、五月では、自然の現実やおそろしい部分が、十二月では、自然のやさしく、平和な部分が書かれていたけれど、どちらか片方が、自然の本来の姿ではないと思います。両方の入りまじった所に存在するのが、本物の自然の姿で、それは、一つのものの裏、表であり、けっして分かれることはないと思いました。

そして、この物語では、そんな自然の大きさと、子がにたちの小ささを比べていたように思えます。とくに五月の世界では、子がにたちは、弱肉強食を目の前にして、おどろき、こわがっているのに対して、自然は、何事もなかったように、あわが流れ、光がゆれています。それでも対照的になっている五月と十二月で、十二月が強調されているのは、自然のおそろしい部分よりも、やまなしのような美しい部分を、作者は信じたかったからだと思いました。

作者が、最後に少ししか出てこないやまなしを題名に選んだのは、自分を人にささげたやまなしを強調するためだと思います。題名から作者が伝えたかったのは、弱肉強食の厳し

い自然の中でも、やまなしのように他人につくす存在が、いちばん美しいということだと思いました。

以前、感想文を書かせると物語を読むことが、嫌いになるなどという声を聞きました。しかし、このような自分の思いや考えを書かない、書く場面を与えられない方が、子どもたちにとって、よほど不幸だと思います。学校での物語の授業は、「読み」の取り立て指導です。読みっぱなしにしない。物語の読みを通して、ふくらんだ登場人物や世界についての思いや考え、とらえた作品の価値や意味、新たに生まれた考えなどを書く。書くことによって、その思いや考えを明確にするとともに、人間や世界の本質、真実について理解を深めていく。そして、それは、物事をまじめに考える、思考を鍛えるためにも、とても良い場面、貴重な機会だと考えます。子どもたちの思想形成の一場面とも言えると思うのです。

私は「理性」とは理想を打ち立てる力、能力だと考えます。子どもたちが、小・中・高校の学習を通し、文学体験をくり返し、その感情、思想を豊かに育み、黒田三郎の詩にあるように、〝美しい願いごと〟、その理想を高く高く打ち上げていってほしいと思うのです。

◇おわりに

最後にいくつかの点を補足して、この「物語の指導法」を終わりにしたいと思います。

《一時間毎の読みの場面をどのように設定するのか》

私が、これまで話を進めてきた「物語の指導法」は、〝第一次全文通読はしない。〟〝第一読から精読に入る。〟ということでした。しかし、その場合に問題になるのが、一時間毎の読みの場面をどのように設定し、子どもに提示していくかということです。この点で私は、次の三つが、その決め手だと考えます。それは、物語における場面、イメージの筋、仕組み・仕掛けです。

物語の読みの場面を設定する際、まずはじめにおさえなければならないのが、場面とその変化です。

物語は、その冒頭や各章の始めで、時・所・人物の基本的な特徴などを読者に提示し、設定し、その移り変わりを通して展開していきます。そして、大切なことは、そこで設定された場面は、その物語の登場人物が生き、活動する状況・条件になるということです。作家は、そのような状況・条件の中で、人物がどのような態度をとり、行動していくのか。その移り変わり、変化・発展・深化を書き表すことによって、人間の真実を追求していきます。

逆に、読み手は、その状況とそこにくり広げられる人物の言動を読み、イメージすることによって、人物像や世界像を刻み上げ、人間への洞察・世界の意味をとらえ、深めていくのです。

△「わたしは、けい馬に来たのです。馬を売りに来たのでは、ありません。」

殿様の要求を拒み、なぐられ、けとばされ、気を失ってしまうスーホ。

△戦争で父親を失いながらも、お父さんから手渡された一輪のコスモスの花を、家をつつむほどに、いっぱいに育てたゆみ子。

△逃げ遅れたおとりのガンを救うために、舞い戻り、天敵ハヤブサと戦う残雪。

厳しい自然条件・社会的条件を前にして、その中で、その人物がどのような態度をとり、どのような方策を発し、どのような行動をとっていったのか。そこに人間性、人間の真実をとらえていくのです。状況・条件～場面のない人物像などありえないのです。

そして、さらに文芸の読みは、イメージ体験だと言われます。イメージを積み重ねながら、読者の中にその人物像や世界像を作り上げていく。しかし、今までの多くの実践が、特にはっきりとした理論的な裏付けもなく、また、そこに特に注意を払うこともなく、作品を大きく、おおまかに区切り、場面設定し、授業をしてきたように思います。子どもたちの心の中に、一時間毎、どんなイメージを形作り、積み重ねていくかなど、考えてこなかったように思うのです。出来事の内容とそこでの人物の気持ち、それに対する読み手の思いを扱ってきた。つまり、出来事によって、一時間毎の場面を設定してきたのです。

しかし、出来事、事件の筋とイメージの筋は、微妙に違うのです。むずかしくなりますが、**「文芸の筋というのは、定義すれば、『形象の相関の展開の過程』ということになります。やさしい言い方になおせば、『イメージと意味のつくられていく筋道』とでもなりましょうか。」**（西郷竹彦「文芸学入門」より）

やはりここでも、私たちは、文芸学の理論に学び、作品のイメージの流れ、人物像、世界像が、刻み上げられていく過程を分析し、どのような順でそれを子どもたちに提示し、読ませ、積み重ねていくのかを明らかにする必要があると思います。

そして、今、私がもっている結論は、『一時間一イメージ』です。

例えば、物語「スーホの白い馬」での次の場面です。

> 日は、一日一日とすぎていきました。スーホが、心をこめてせわしたおかげで、子馬は、すくすくとそだちました。体は雪のように白く、きりっと引きしまって、だれでも、思わず見とれるほどでした。

この場面は、短いのですが、一時間とって授業をします。ここでは、スーホが心をこめて子馬を世話したこと、いったいスーホはどんな面倒を見たのかを、具体的に想像させます。そして、その結果、子馬は、思わず見とれるほどの白馬に育ったのです。つまりここでは、白馬にとってスーホは、育ての親ということになります。前後の内容とは、一緒にしないのです。物語の前半で、スーホと白馬の絆を一つ一つたんねんにつかんでいく。そのことで、この物語の悲劇性は、より深くなるのです。

さらにくりかえしの引用になりますが、「大造じいさんとガン」の第一章冒頭の部分です。

> 1
>
> 今年も、残雪は、ガンの群れを率いて、ぬま地にやってきました。
>
> 残雪というのは、一羽のガンに付けられた名前です。左右のつばさに、一か所ずつ、真っ白な交じり毛を持っていたので、かりゅうどたちからそうよばれていました。
>
> 残雪は、このぬま地に集まるガンの頭領らしい、なかなかりこうなやつで、仲間がえをあさっている間も、油断なく気を配っていて、りょうじゅうのとどく所まで、決して人間を寄せつけませんでした。

やはりこの物語の「前文」では、「猟師の中の猟師」としての大造じいさんの人物像をとらえました。ここでは、残雪の基本的な人物像をとらえます。「真っ白な交じり毛」など、その形態的な特徴、ガンの頭領としての姿、有り様（ありよう）をとらえます。やはりそのあとの大造じいさんと残雪の関係、その年の作戦などとは、一緒に扱うことはしないのです。そして、この物語では、この両者・両雄の戦いが、この後くり返し変化・発展しながら展開されていきます。この両者の人物像をしっかりとおさえることが、この物語の出発点となるのです。

子どもたちに、一時間毎、明確なイメージ体験をさせる。子どもたちの中で、イメージが錯綜してはいけない。一時間の中に、二つ、三つのイメージを含んだ場面を設定し授業しては、しっかりとしたイメージ化ができず、積み重ねもむずかしいと思うのです。一時間毎、イメージを着実に豊かに積み重ね、読み終わった時には、物語全編の人物像や世界像が、子どもたちの中にくっきりとあざやかに意味深く、思い描かれていなければならないと思うのです。

そして、最後に、これらの場面から場面へ、イメージからイメージへと読者をつなぎ、読み進めるためにほどこされているのが、前述した仕組・仕掛です。くりかえし、仕掛とは、語り手から読者への疑問・謎の提示です。読者を作品世界に導き入れ、読み続けさせるための工夫です。

◇おわりに

ここでは、物語「スーホの白い馬」の仕組・仕掛を紹介します。

> このモンゴルに、馬頭琴というがっきが、あります。がっきのいちばん上が、馬の頭の形をしているので、馬頭琴というのです。いったい、どうしてこういうがっきが、できたのでしょう。
>
> それには、こんな話があるのです。

これが、この物語の冒頭の仕掛です。この作品全体を貫く疑問・謎です。

この物語では、まず題名「スーホの白い馬」から、この話の内容を予想します。そして、さらにここで「馬頭琴」という言葉やそれを説明した文から、馬頭琴という楽器をイメージし、どうしてこんな楽器ができたのだろうという疑問をとらえ、予想し、この作品に入っていきます。そして、その答えを探し求め、読み続け、最後にその答えが、明らかになるのです。つまり、ここでこの仕掛・疑問をしっかりととらえることで、この作品に対する子どもたちの読みの姿勢・構えをつくるのです。

また、仕掛は、〝わな〟と言ってもいいかもしれません。この物語の前半の終わりで、スーホは白馬に「よくやってくれたね、白馬。本当にありがとう。これから先、どんなときでも、ぼくは　お前といっしょだよ。」と話しかけます。しかし、このスーホの白馬への約束・誓いが、この後、厳しく問われることになるのです。このスーホの言葉が、逆に反語として、子どもたちの胸に響いてくるのです。〝馬頭琴は、どうしてできたのか。〟〝スーホと白馬は、本当にいつまでもいっしょにいられるのだろうか。〟子どもたちは、この二重の疑問、語り手からの仕掛、わなにかかって、後半の読みに入っていくのです。

そして、この作品では、さらに場面から場面へ、次々と仕掛が配されていきます。

「そこで、スーホは、白馬にまたがり、広々とした草原をこえて、けい馬のひらかれる町へむかいました。」

＊競馬の大会で、スーホと白馬は、一等になれるんだろうか？

「白い馬が一等だぞ。白い馬の のり手をつれてまいれ。」

「お前には、ぎんかを三まいくれてやる。その白い馬をここにおいて、さっさと帰れ。」

＊スーホは、白馬を銀貨と取り替えるのだろうか？

しかし、スーホは、家来たちに、なぐられ、けとばされても、殿様の命令を拒み、白馬との約束を守るのです。

「とのさまは、白馬をとりあげると、家来たちを引きつれて、大いばりで帰って行きました。」

＊殿様に白馬を取り上げられて、スーホと白馬は、もう会えないのだろうか？

「白馬は、どうしているだろうと、スーホは、それればかり考えていました。白馬は、どうなったのでしょう。」

＊この文自体が、作者・語り手が、読者に仕掛ける疑問の提示です。

「白馬のせには、つぎつぎに、やが ささりました。それでも、白馬は、走りつづけました。」

＊背中に矢をうけて、白馬は、大丈夫なのだろうか。走りつづけて、どこへいくのだろう？

「白馬は、ひどいきずをうけながら、走って、走って、走りつづけて、大すきなスーホのところへ帰ってきたのです。」

「でも、白馬は、弱りはてていました。いきは、だんだんほそくなり、目の光もきえていきました。」「そして、次の日、白馬は、しんでしまいました。」

＊もうこれで、スーホと白馬は、一緒にいられなくなってしまった。「これから先、どんなときでも、ぼくは お前といっしょだよ。」という約束は、守られないのか？

「スーホは、～～。ゆめで、白馬が、教えてくれたとおりに、ほねやかわやすじや毛を、むちゅうで組み立てていきました。」「がっきは、でき上がりました。これが馬頭琴です。」

これが、物語冒頭の問題の答えです。

「スーホは、どこへ行くときも、この馬頭琴をもっていきました。」「～～。そして、スーホは、自分のすぐわきに白馬がいるような気がしました。」

白馬がなくなっても、スーホと白馬は一緒です。スーホは、白馬との約束を守るのです。

これらの仕組・仕掛が、機能するように、物語そのものが提示してくる大きな疑問、小さな疑問を読者である子どもの疑問として、読んでいく。子どもたちが、〝なぜ?〟〝どうして?〟と謎をもつように、どのように「読みの場面」を分かつか、考察を加えていくのです。

以上のように、場面、イメージの筋、仕組・仕掛を基本的な要件として、一時間毎の読みの場面を設定し、子どもたちに提示していく。やはりこれが、物語のあり方にそった読みの姿だと考えます。

《物語のあり方、児童の読みの心理にそった読み方を》

「作品を自分なりにとらえて、朗読しよう」これが、23年度版教科書(光村)における物語「大造じいさんとガン」の目標です。さらに指導書には、「『読むこと』の指導事項に関わっては、『自分の思いや考えが伝わるように朗読する。』ことを中心とし」とあります。

この二十年ほどの国語科は、音読重視、「話す」の重視で経過してきました。その結果が、子どもたちの読解力の低下です。さらに今回(23年度版)の五年生の国語教科書からも児童の話す活動を重視した作文単元掲げてみます。

◎活動を報告する文書を書こう。

①目標を設定し ②達成するための計画を立て③実行し ④点検し、次の活動につなげる

◎自分の考えをまとめて、討論しよう。

◎グラフや表を引用して、書こう。

◎提案書を書いて、自分のアイデアをみんなに知ってもらおう。

〈提案書の構成〉(1)問題点・問題点の整理・提案理由や提案の方向性

(2)提案・内容の説明・具体的な提案

(3)提案の効果・良さや実現したときの効果など

これらの活動目標やその内容をみていると、何かこれは、まるで企業で行われているプレゼンテーション、企業戦士になるための準備教育をしているかのようです。

教育は、その時代の要請に応じたものであってはいけない。それは、時の支配的勢力のねらいなのです。それは、戦前、戦中の兵士を作った教育の失敗から、深く反省したはずです。

教育は、子どもの発達に即して行われるのです。「提案書」を書いて説明するなど、小学生の発達段階には、そぐいません。教育行政によって、教育内容が、度々変更される。その結果、子どもたち・教師たちが、振り回される。その時々の社会情勢によって、教育のねらい・内容が変わっては、

教育の積み重ねができないのです。子どもたちの発達は、歪み、未熟なままになってしまうのです。そして、そのような教育の結果が、今、あるのです。

子どもたちは、小学校の入学から「書きことば」の世界に入ります。けっして「話す」ではないのです。「話す」は、もう2・3才から始まっています。国語科のねらいは、特に小学校では、いつの時代でも「読み」「書き」なのです。五十音の学習から始まって、文字で綴られたことば・文・文章を「読める」、文字をつらねて、ことば・文・文章を「書ける」ようになることです。さらにことば・文・文章を読み、書きして、人間・社会・自然・自己をつかんでいく、認識していく。ことば・文・文章は、理解・認識の武器なのです。そして、さらにことば・文・文章を読んで書いて、思う・考える・表現する。「読み」「書き」の指導は、理解・思考・表現、自己教育力の育成です。日本語の文字・ことば・文・文章を習得することは、子どもたちの発達にとって、欠くことのできない基礎的で必須の内容なのです。

読解力の低下が言われて、久しい。しかし、それに対する取り組みは弱い。読解力とは、文学的文章、説明的文章を読み解く力です。物語の読み、それは、ことば・文・文章・表現を読み、その内容を理解する。読解力の向上とそれを通して人間と、その人間と人間がつくるその世界に対する理解・思いを深める。説明文の読み、それは、ことば・文・文章・構成を読み解き、その内容を理解する。その読解力の向上と論述対象である自然や社会など対する理解や思いを深める。そして、これらの学習で身につけた語いや表現、構成力などが、作文・論文などを書く力、表現力へとつながっていくのです。

読解への取り組みの弱さ。それは、人間のことは考えない。自然や社会のことに思いを寄せることなどしない。格差、貧困、自然破壊。利益至上の勢力にとって、人間や社会、それを取りまく自然、それらについて真面目に考え、その尊さを知ることなど、教育内容にあってはならないのです。

国語科の指導内容をその「時代の要請」に応じて、変質させてはならない。その時の社会的情勢で物語・文学などを読む目的を歪めてはならない。

○謎の提示、その謎の解明、謎が解けたときの快感とともにもたらされる人間存在への深い洞察、これが名作の条件なのだ。（井上ひさし）

○「読み」という作業は、その作品の全貌が未知のまま出発して、しだいに言語の線条的（部分的）展開が総合されて、全作品が露呈するのです。（児）

物語のあり方、児童の読みの心理にそった読みを進める。教育は、子どもの発達過程に即して、そこに働きかけ、子どもたち自らが、発達・成長を遂げていくのです。

最後にもう一度、文芸研（西郷文芸学）、児言研から、いくつかの文章を紹介して、この「物語の指導法」を終わりにしたいと思います。

○文芸の授業は、文芸の世界を切実に共体験するところからはじまるということです。生身の生活体験と違って、間接的なイメージ体験です。文芸の文章の表象化をすすめるなかでなされる体験です。文芸の世界にみずから呼吸し、作中人物とひとつになって、あるいは作中人物を「目撃」する立場に立って、ともに喜び、悲しみ、怒り……その人生をともに生きるという切実な文芸体験をつくり出すのです。（文）

○すぐれた文芸は、「人間の真実を美の理想において結晶したもの」「人間のすばらしさ、美しさをたたえ、人間へのひたむきな愛に燃えたものであり、だからこそ人間に対するあらゆる冒涜（ぼうとく）を決して許すことのない激しい憎しみと怒りにつらぬかれたもの」であるといえよう。（文）

○〈すじ〉にそって、人物の人柄、ものごとの見方、感じ方、考え方、生き方をとらえ、作品に描かれている〈ことがら〉、作者の〈ねがい〉や大事な〈かんがえ〉をつかみ、かくされた〈いみ〉をさぐり、それらが、今の私たちの生きることと、どのように関わるかを考えさせる。（文）

○賢治童話の世界においては、草も木も鳥もけもの、虫までも、すべてが、人間と同列の存在として語られます。そこには、人間中心主義に対する徹底した否定の精神があります。現代の地球危機が、人間中心主義によって引き起こされていることを思うとき、あらためて賢治の思想〜人間観・世界観に学ぶ必要があると思うのです。（文）

○国語科の目的は、ことばとか人間――ことば、表現、人間、人間を取りまくものごと、そういう森羅万象――そういうものの本質とか、法則、あるいは真理、真実、価値、意味等を分かる力、認識する力を育てる。これが、基本的な目的です。それを裏返して言えば、そういうものごとの本質や法則や真理、価値、意味をちゃんと表現できる力を育てるということにもなる。これが、国語科教育の基本的な目的であるということです。

この認識したこと、認識の内容は、子どもたちの中に〈知識〉として残る。その知識は、一つのトータルな〈思想〉を形成することになります。（文）

○文芸教育――それは、種をまく仕事である。それに水をやり、肥料をかけて、その成長を見、その実りをとり入れるものは、子どもたち自身である。（文）

○基本的には、子ども自身が、自分の力で、世界の意味、人間の生きる意味をとらえていくようにならなければならない。これが、究極の目的です。あるいは、より高い意味をもつように現実を変革していく。あるいは、自分の生というものをより深い、より高い価値をもつようにつくりかえ

ていくということなのです。本来、文芸の授業のあるべき、望ましい姿は、「自問自答」ということです。（文）

○日本語の知識・能力によってこそ、思考、意志の通達、社会的認識が、正しく明確に行われる。（児）

○日本の子どもたちにとって、日本語の知識と能力こそ、その全面発達を支え、うながす基本的要素をなすものである。国語科は、この知識・能力の高めに中心的に責任を負うべき教科である。（児）

大造じいさんとガン

椋　鳩十

知り合いのかりゅうどにさそわれて、わたしは、イノシシがりにでかけました。イノシシがりの人々は、みな栗野岳のふもとの、大造じいさんの家に集まりました。じいさんは、七十二歳だというのに、こしひとつ曲がっていない、元気な老かりゅうどでした。そして、かりゅうどのだれもがそうであるように、なかなか話し上手な人でした。血管のふくれたがんじょうな手を、いろりのたき火にかざしながら、それからそれと、愉快なかりの話をしてくれました。その話の中に、今から三十五、六年も前、まだ栗野岳のふもとのぬま地に、ガンがさかんに来たころの、ガンがりの話もありました。わたしは、そのおりの話を土台として、この物語を書いてみました。

さあ、大きな丸太が、ぱちぱちと燃え上がり、しょうじには、自在かぎとなべのかげがうつり、すがすがしい木のにおいのするけむりの立ちこめている、山家のろばたを想像しながら、この物語をお読みください。

1

今年も、残雪は、ガンの群れを率いて、ぬま地にやってきました。

残雪というのは、一羽のガンに付けられた名前です。左右のつばさに、一か所ずつ、真っ白な交じり毛を持っていたので、かりゅうどたちからそうよばれていました。

残雪は、このぬま地に集まるガンの頭領らしい、なかなかりこうなやつで、仲間がえをあさっている間も、油断なく気を配っていて、りょうじゅうのとどく所まで、決して人間を寄せつけませんでした。

大造じいさんは、このぬま地をかり場にしていたが、いつごろからか、この残雪が来るようになってから、一羽のガンも手に入れることができなくなったので、いまいましく思っていました。

そこで、残雪がやって来たと知ると、大造じいさんは、今年こそはと、かねて考えておいた特別な方法に取りかかりました。

それは、いつもガンがえをあさる辺り一面にくいを打ちこんで、タニシを付けたウナギつりばりを、たたみ糸で結び付けておくことでした。じいさんは、一晩じゅうかかって、たくさんのウナギつりばりをしかけておきました。今度は、なんだかうまくいきそうな気がしてなりませんでした。

よく日の昼近く、じいさんはむねをわくわくさせながら、ぬま地にいきました。昨晩つりばりをしかけておいた辺りに、何かバタバタしているものが見えました。

「しめたぞ。」

じいさんは、つぶやきながら、夢中でかけつけました。

「ほほう、これはすばらしい。」

じいさんは、思わず子どものように声を上げて喜びました。一羽だけであったが、生きているガンがうまく手に入ったので、じいさんはうれしく思いました。

さかんにばたついたとみえて、辺り一面に羽が飛び散っていました。

ガンの群れは、これに危険を感じて、えさ場を変えたらしく、付近には一羽も見えませんでした。しかし、大造じいさんは、たかが鳥のことだ、一晩たてば、またわすれてやって来るにちがいないと考えて、昨日よりも、もっとたくさんのつりばりをばらまいておきました。

そのよく日、昨日と同じ時こくに、大造じいさんは出かけていきました。

秋の日が、美しくかがやいていました。

じいさんがぬま地にすがたを現すと、大きな羽音とともに、ガンの大群が飛び立ちました。じいさんは、「はてな。」と首をかしげました。

つりばりをしかけておいた辺りに、確かに、ガンがえをあさった形せきがあるのに、今日は一羽もかかっていません。いったい、どうしたというのでしょう。

気をつけて見ると、つりばりの糸が、みなぴいんと引きのばされています。

ガンは、昨日の失敗にこりて、えをすぐには飲みこまないで、まず、くちばしの先にくわえて、ぐうと引っぱってみてから、いじょう無しとみとめると、初めて飲みこんだものらしいのです。これも、あの残雪が、仲間を指導してやったにちがいありません。

「ううむ。」

大造じいさんは、思わず感たんの声をもらしてしまいました。

ガンとかカモとかいう鳥は、鳥類の中で、あまりりこうなほうではないといわれますが、どうしてなかなか、あの小さい頭の中に、たいしたちえをもっているものだなということを、今さらのようにかんじたのでありました。

2

そのよく年も、残雪は、大群を率いてやってきました。そして、例によって、ぬま地のうちでも見通しのきく所をえさ場に選んで、えをあさるのでした。

大造じいさんは、夏のうちから心がけて、タニシを五俵ばかり集めておきました。そして、それを、ガンの好みそうな場所にばらまいておきました。どんなあんばいだったかなと、その夜行ってみると、案の定、そこに集まって、さかんに食べた形せきがありました。

そのよく日も、同じ場所に、うんとこさとまいておきました。そのよく日も、そのまたよく日も、同じようなことをしました。

ガンの群れは、思わぬごちそうが四、五日も続いたので、ぬま地のうちでも、そこが、いちばん気に入りの場所になったようでありました。

大造じいさんは、うまくいったので、会心のえみをもらしました。

そこで、夜の間に、えさ場より少しはなれた所に小さな小屋を作って、その中にもぐりこみました。そして、ねぐらをぬけ出して、このえさ場にやって来るガンの群れを待っているのでした。

あかつきの光が、小屋の中にすがすがしく流れこんできました。

ぬま地にやってくるガンのすがたが、かなたの空に黒く点々と見えだしました。先頭に来るのが、残雪にちがいありません。

その群れは、ぐんぐんやってきます。

「しめたぞ。もう少しのしんぼうだ。あの群れの中に一発ぶちこんで、今年こそは、目のもの見せてくれるぞ。」りょうじゅうをぐっとにぎりしめた大造じいさんは、ほおがびりびりするほど引きしまるのでした。

ところが、残雪は、油断なく地上を見下ろしながら、群れを率いてやってきました。そして、ふと、いつものえさ場に、昨日までなかった小さな小屋をみとめました。

「様子のかわった所には、近づかぬがよいぞ。」かれの本能は、そう感じたらしいのです。ぐっと、急角度に方向を変えると、その広いぬま地のずっと西側のはしに着陸しました。

もう少しでたまのとどくきょりに入ってくる、というところで、またしても、残雪のためにしてやられてしまいました。

大造じいさんは、広いぬま地の向こうをじっと見つめたまま、

「ううん。」

と、うなってしまいました。

3

今年もまた、ぼつぼつ、例のぬま地にガンの来る季節になりました。

大造じいさんは、生きたドジョウを入れたどんぶりを持って、鳥小屋の方に行きました。じいさんが小屋に入ると、一羽のガンが、羽をばたつかせながら、じいさんに飛び付いてきました。

このガンは、二年前、じいさんがつりばりの計略で生けどったものだったのです。今では、すっかりじいさんになついていました。ときどき、鳥小屋から運動のために外に出してやるが、ヒュー、ヒュー、ヒューと口笛をふけば、どこにいてもじいさんの所に帰ってきて、そのかた先に止まるほどに慣れていました。

大造じいさんは、ガンがどんぶりからえを食べているのを、じっと見つめながら、

「今年はひとつ、これを使ってみるかな。」

と、独り言を言いました。

じいさんは、長年の経験で、ガンは、いちばん最初に飛び立ったものの後について飛ぶ、ということを知っていたので、このガンを手に入れたときから、ひとつ、これをおとりに使って、残雪の仲間をとらえてやろうと、考えていたのでした。

さて、いよいよ残雪の一群が今年もやって来たと聞いて、大造じいさんは、ぬま地へ出かけていきました。

ガンたちは、昨年じいさんが、小屋がけした所から、たまのとどくきょりの三倍もはなれている地点をえさ場にしているようでした。そこは、夏の出水で大きな水たまりができて、ガンのえが十分にあるらしかったのです。

「うまくいくぞ。」

大造じいさんは、青くすんだ空を見上げながら、にっこりとしました。

その夜のうちに、飼い慣らしたガンを例のえさ場に放ち、昨年建てた小屋の中にもぐりこんで、ガンの群れを待つことにしました。

「さあ、いよいよ戦とう開始だ。」

東の空が真っ赤に燃えて、朝が来ました。

残雪は、いつものように群れの先頭に立って、美しい朝の空を、真一文字に横切ってやって来ました。

やがて、えさ場に下りると、グワア、グワアというやかましい声で鳴き始めました。大造じいさんのむねは、わくわくしました。しばらく目をつぶって、心の落ち着くのを待ちました。そして、冷え冷えするじゅう身をぎゅっとにぎりしめました。

じいさんは目を開きました。

「さあ、今日こそ、あの残雪めにひとあわふかせてやるぞ。」

くちびるを二、三回静かにぬらしました。そして、あのおとりを飛び立たせるために口笛をふこうと、くちびるをとんがらせました。と、そのとき、ものすごい羽音とともに、ガンの群れがいちどにバタバタと飛び立ちました。

「どうしたことだ。」

じいさんは、小屋の外にはい出してみました。

ガンの群れを目がけて、白い雲の辺りから、何か一直線に落ちてきました。

「ハヤブサだ。」

ガンの群れは、残雪に導かれて、実にすばやい動作で、ハヤブサの目をくらましながら飛び去っていきます。

「あっ。」

一羽、飛びおくれたのがいます。

大造じいさんのおとりのガンです。長い間飼い慣らされていたので、野鳥としての本能がにぶっていたのでした。

ハヤブサは、その一羽を見のがしませんでした。

じいさんは、ピュ、ピュ、ピュと口笛をふきました。

こんな命がけの場合でも、飼い主のよび声を聞き分けたとみえて、ガンは、こっちに方向を変えました。

ハヤブサは、その道をさえぎって、パーンと一けりけりました。

ぱっと、白い羽毛があかつきの空に光って散りました。ガンの体はななめにかたむきました。

もう一けりと、ハヤブサがこうげきのしせいをとったとき、さっと、大きなかげが空を横切りました。

残雪です。

大造じいさんは、ぐっとじゅうをかたに当て、残雪をねらいました。が、何と思ったか、再びじゅうを下ろしてしまいました。

残雪の目には、人間もハヤブサもありませんでした。ただ、救わねばならぬ仲間の姿があるだけでした。いきなり、敵にぶつかっていきました。そして、あの大きな羽で、力いっぱい相手をなぐりつけました。

不意を打たれて、さすがのハヤブサも、空中でふらふらとよろめきました。が、ハヤブサも、さるものです。さっと体勢を整えると、残雪のむな元に飛びこみました。

ぱっ
ぱっ
羽が、白い花弁のように、すんだ空に飛び散りました。

そのまま、はやぶさと残雪は、もつれ合って、ぬま地に落ちていきました。

大造じいさんはかけつけました。

二羽の鳥は、なおも地上ではげしく戦っていました。が、ハヤブサは、人間のすがたをみとめると、急に戦いをやめて、よろめきながら飛び去っていきました。

残雪は、むねの辺りをくれないにそめて、ぐったりとしていました。しかし、第二のおそろしい敵が近づいたのを感じると、残りの力をふりしぼって、ぐっと長い首を持ち上げました。そして、じいさんを正面からにらみつけました。

それは、鳥とはいえ、いかにも頭領らしい、堂々たる態度のようでありました。

大造じいさんが、手をのばしても、残雪は、もうじたばたさわぎませんでした。それは、最期の時を感じて、せめて頭領としてのいげんをきず付けまいと努力しているようでもありました。

大造じいさんは、強く心を打たれて、ただの鳥に対しているような気がしませんでした。

4

残雪は、大造じいさんのおりの中で、ひと冬をこしました。

春になると、そのむねのきずも治り、体力も元のようになりました。

ある晴れた春の朝でした。

じいさんは、おりのふたをいっぱいに開けてやりました。

残雪は、あの長い首をかたむけて、とつ然に広がった世界におどろいたようでありました。が、

バシッ。

快い羽音一番、一直線に空へ飛び上がりました。

らんまんとさいたスモモの花が、その羽にふれて、雪のように清らかに、はらはらと散りました。「おうい、ガンの英雄よ。おまえみたいなえらぶつを、おれは、ひきょうなやり方でやっつけたかあないぞ。なあ、おい。今年の冬も、仲間を連れてぬま地に来いよ。そうして、おれたちは、また堂々と戦おうじゃないか。」

大造じいさんは、花の下に立って、こう大きな声でガンによびかけました。そうして、残雪が、北へ北へと飛び去っていくのを、晴れ晴れとした顔つきで見守っていました。

いつまでも、いつまでも、見守っていました。

著者 山口　憲明（やまぐち　のりあき）

早稲田大学政治経済学部卒
元相模原市立小学校教諭

【主な著書】

文学の授業１ **スーホの白い馬** 改訂版 （本の泉社発行）
文学の授業２ **一つの花** 改訂版 （本の泉社発行）
文学の授業３ **ごんぎつね** 改訂版 （本の泉社発行）
文学の授業４ **大造じいさんとガン** （本の泉社発行）
文学の授業５ **やまなし** 改訂版 （本の泉社発行）
文学の授業６ **かさこじぞう** （本の泉社発行）

西郷文芸学《さいごうぶんげいがく》　一読総合法による　**物語《ものがたり》の指導法《しどうほう》**

2017年12月25日　初版第１刷

著　者　山口　憲明
発行者　比留川　洋
発行所　株式会社　本の泉社
〒113-0033　東京都文京区本郷2-25-6
電話 03-5800-8494　FAX 03-5800-5353
http://www.honnoizumi.co.jp/
ＤＴＰ　株式会社西崎印刷（池松浩久）
印　刷　音羽印刷株式会社
製　本　株式会社村上製本所

ISBN978-4-7807-1665-8　C3037　¥800E